Mythos Potsdamer Platz

Mythos Potsdamer Platz

Fotografiert von Pierre Adenis

Deutsch   English   Français   Español   Italiano   日本語

nicolai

Cover:
Blick hinauf zu den drei Torbauten, die sich auf der Oberfläche der Lichtsäule (rechts) spiegeln

View upwards to the three gate buildings, reflected in the surface of the lighting column (right)

Vue sur les trois tours, qui se reflètent sur la partie supérieure de la colonne de lumière (à droite)

Vista de las tres torres, que se reflejan en la superficie de la columna lumínica (derecha)

Veduta dal basso verso i tre palazzi a forma di portale che si riflettono sulla superficie della colonna della luce (a destra)

明かり取り（右）に写る三本の塔を見上げる

© 2003 Nicolaische Verlagsbuchhandlung GmbH, Berlin
Alle Rechte vorbehalten

Übersetzung:
Robin Benson, Christine Shuttleworth (englisch)
Pascal Thibault, Aurore Picavet (französisch, Vorwort)
Pierre Adenis, Aurore Picavet (französisch, Bildlegenden)
Montse González (spanisch)
Walter Kögler (italienisch)
Masami Ono-Feller (japanisch)

Satz und Lithos: Mega-Satz-Service, Berlin
Druck: Aumüller KG, Regensburg
Bindung: Lüderitz & Bauer, Berlin

Printed in Germany
ISBN 3-87584-951-5

Ein neuer Mythos
Am Potsdamer Platz entstand ein Stadtquartier – und mehr als das
Von Bernhard Schulz

»Wumm, wumm, machte die Dampframme, immer wieder«, damit hat Alfred Döblin einst ein einprägsames Bild für die Bautätigkeit in Berlin gefunden. Ohne diese Dampframme, die das Hintergrundgeräusch für das Leben Franz Biberkopfs abgibt, hätte sich der Alexanderplatz nicht derart ins kollektive Gedächtnis eingeschrieben; wenn überhaupt.

Und der Potsdamer Platz? Ist der Potsdamer Platz nicht bedeutender für Berlin als der »Alex«? Bedeutender, weil er der Ort ist, an dem sich einstmals alles fand, was die Großstadt Berlin ausmachte, mit dem Verkehrsturm als der »ersten Ampel Europas« in der Mitte, und in dessen Namen sich bis heute verdichtet, was Metropole meint?

Ja, schon, nur die Dampframme hatte gefehlt.

Das ist Vergangenheit. Der »Mythos Potsdamer Platz« ist einige Jahre lang über alle Maßen beschworen worden. Er sollte den gemeinsamen Bezugspunkt bilden für die hektischen ersten Aufbaujahre des »Neuen Berlin«. Weil noch so wenig zu sehen war von dem, das da überall beschworen wurde an neuer Hauptstadtrolle, an Metropolenbedeutung und Wachstumszahlen, brauchte es ein Bild, in dem sich all das Wortgeklingel fassen ließ. Das ist nicht länger nötig. Berlin ist Hauptstadt, funktioniert auch – jedenfalls als Hauptstadt; als Kommune etwas weniger, aber das betrifft auch nicht so sehr das Alltagsleben, das in den neu geschaffenen Straßen pulsiert, als habe es nie ein »Zuvor« gegeben.

Zuvor nämlich, noch vor weniger als einem Jahrzehnt, wuchsen auf dem Gelände, das heute wieder selbstverständlich Potsdamer Platz heißt, Bäume, ringsum breitete sich Einöde. Einzige Ausnahme und die melancholische (Ab-) Seite dieses Mythos war das Weinhaus Huth, damals weithin zu sehen als trauriger Rest der Vergangenheit – und heute aufs Engste und zugleich Selbstverständlichste gerahmt von seinen neuen Nachbarn, zwischen denen es seine angestammte Rolle als Hort gehobener Gastlichkeit spielen kann. Dann kamen mit einem Mal Bagger und Rammen, taten sich Löcher auf von tagebauartigen Ausmaßen, exakt abgezirkelt und gefasst. Dann wuchsen die Kräne zu filigranen Wäldern, stumm und gleichförmig drehten sie sich nach einer verborgenen Regie. Es floss der Beton um kunstvoll geflochtene Stahlstangen, türmte sich zu abenteuerlichen Konstruktionen in die Höhe, und dann war er mit einem Mal fertig: der Potsdamer Platz.

Nein, natürlich nicht. Eine Anzahl von Bauten ist entstanden, beeindruckend gekrönt vom Dreigestirn der 100 Meter hohen Turmbauten, die nebeneinander und in offenkundig bester Harmonie drei verschiedene Sprachen der zeitgenössischen Architektur sprechen: der elegante Alta-moda-Turm mit hellockerfarbener Terrakotta von Renzo Piano zur Linken, der mächtig aufstrebende und den nordischen Klinker zu schönsten Farbnuancen erweckenden Art-Deco-Turm von Hans Kollhoff in der Mitte und das gläserne Hi-Tech-Halbrund des Deutschamerikaners Helmut Jahn zur Rechten. Und genau dort, an der rechten Seite des Platzes, sind nach einem gewissen Innehalten der Bautätigkeit in atemberaubend kurzer Zeit weitere Bauten in die Höhe gewachsen, nicht in dieselbe Höhe wie die Turm-Dreieinigkeit, sondern fein abgestuft in die Fläche vermittelnd, die Berlin mehr als alle anderen Metropolen Europas kennzeichnet und die unweit des Potsdamer Platzes übergeht in die grüne Natur des Tiergartens.

Es handelt sich um eine durchaus verwirrende Zusammenballung von Häusern, deren gemeinsamer Name »Beisheim Center« mehr verdeckt als offen legt, verbergen sich darunter doch Hotels gehobener und höchster Kategorie, Bürogebäude und Wohnhäuser. Auch die zählen zum Besten, was in Berlin seinen Markt sucht, und knüpfen auf eine zeitgenössische Apartment-Haus-Weise an die Tradition gehobenen bürgerlichen Wohnens hier an der Nahtstelle zwischen geschäftiger Großstadt und ruhigem Grün des Berliner »Zentralparks« an.

Neben den alten Mythos, den viel zitierten, hat sich ein neuer Mythos geschoben oder ist jedenfalls dabei zu entstehen, der Mythos des neuen Potsdamer Platzes. In ihm schließen sich jetzt nicht länger die Visionen eines »Neuen Berlin« hart am Rande des Größenwahns zusammen, sondern die Bilder eines großstädtischen Alltags voller Passanten, in den zahllosen Büros Beschäftigte die einen und neugierig sich umschauende Touristen die anderen, die in ihrer Mischung dem Platz etwas heiter Festliches geben. Gewiss stauen sich tagtäglich endlose Fahrzeugkolonnen an den Ampeln – schon ist der Potsdamer Platz wieder Verkehrsknotenpunkt –, aber es kommt doch nie jene drängende Zeitnot auf, die vergleichbar belebte Kreuzungspunkte oft so unangenehm macht. Es scheint, als ob sich die sprichwörtliche Berliner Eile und eine durchaus auch berlinische Gelassenheit am neuen Potsdamer Platz glücklich die Waage halten.

Von der Info-Box aus, jenem jetzt schon legendären roten Kasten am Rande des Platzes, der plangemäß Ende des Jahres 2000 abgebaut wurde, konnte man das Bild der Entstehung des neuen Potsdamer Platzes beobachten wie einen langsam, aber stetig ablaufenden Film. Diesen Film in seinen Einzelbildern zeigen uns die Fotografien von Pierre Adenis. Und doch wieder nicht: Denn der Fotograf hat viel mehr gesehen, als wir Normalsterblichen es jemals konnten. Er hatte Zutritt zu allen Teilbereichen dieser entstehenden Wirklichkeit namens Potsdamer Platz, ihm boten sich jene tausendundeine Perspektiven, die wir von der Info-Box aus oder an den Bauzäunen entlanggedrückt und über die Brüstungen der Baugruben gebeugt nicht gewinnen konnten. Mit seinen Fotografien erweitert sich unser Kopf-Film zu einem Kaleidoskop paralleler und ineinander greifender Eindrücke, noch verwirrender als das, was wir im Gedächtnis gespeichert haben, aber am Ende eben auch viel erhellender, jetzt, wo sich die Kaleidoskopbilder zu einem schlüssigen Ganzen geordnet haben.

Inzwischen hat Pierre Adenis den Alltag des Platzes in der gleichen, aus Neugierde, Anteilnahme und einem bewundernswerten Gespür für den besonderen Augenblick gemischten Weise beobachtet. Den Alltag – das heißt bei Adenis immer und zuallererst den Alltag der Menschen, ihre Handlungen und ihre Anwesenheit.

Der Platz ist ja nicht länger das Objekt des Staunens, sondern er ist in Besitz genommen worden von seinen Nutzern, ob sie nun, mit Einkaufstüten beladen, aus der etwas vom Platz entfernten Einkaufspassage kommen und den beiden ausladenden Eingängen der vielgleisigen Bahnhofsanlage zustreben, ob sie mit Aktentasche oder im Business-Kostüm die Zebrastreifen überqueren oder sich abends auf der Suche nach Unterhaltung vor die Wahl zwischen zwei der größten Kino-Center der Stadt gestellt sehen – von den zahllosen Cafés, Restaurants und Bars ganz zu schweigen.

Der Wald der Kräne ist verschwunden. In ihm wird man einmal das Bild der Umbruchs- und Aufbauzeit erkennen. Man kann es nur noch beim Sich-Umwenden erleben: weil auf der anderen Seite des Potsdamer Platzes ein weiterer Platz bebaut wird, der Leipziger Platz. Er ist eigentlich nur die achteckige Erweiterung einer Straße, der Leipziger Straße, die sich jetzt als eine unablässig befahrene Verkehrsader in östlicher Richtung in die Tiefen Berlins erstreckt. Der »Leipziger« war nie ein eigentlicher Platz, hier kreuzte sich nichts. Der vorgelagerte, nämlich einst vor den Toren Berlins gelegene »Potsdamer« war es, an dem sich die Wege kreuzten. Aber die Bebauung des Leipziger Platzes, viel gleichförmiger ausgelegt als die seines Pendants, in Höhe und Aufriss der Bauten und der Gestaltung ihrer Fassaden ein Bild der Einheitlichkeit mit allerdings genauer Betrachtung würdigen Nuancen bietend, bildet gewissermaßen die Folie, vor der die vibrierende Verschiedenartigkeit des Potsdamer Platzes erst zu ganzem Leben erwacht.

Wo dieser Potsdamer Platz eigentlich war, hat nämlich zuvor, vor der Wende, keiner mehr gewusst. Vor der Wende stand die Mauer, sie verlief übers Gelände, unter dessen bis ins Extrem gesteigerter Stadtlosigkeit sich irgendwo der Grundriss des einstigen Platzes abzeichnete. Die Teilung Berlins, die mit dem Mauerbau unwiderruflich werden sollte und in den folgenden Jahren nur noch immer weiter perfektioniert wurde, ließ den Potsdamer Platz verschwinden wie keinen zweiten Ort in der Stadt. Wenn der Begriff der »Brache« irgendwo anschaulich wurde, dann hier. Nicht die Natur war zurückgekehrt, sondern die denkbar leerste Leere geschaffen worden, die Verneinung alles Städtischen. Als die Mauer fiel oder besser gesagt durchlöchert wurde und ihre Funktion verlor, ehe sie auch physisch abgetragen werden konnte, verwandelte sich darum die Brache nicht wieder zurück. Sie blieb Leere, wenn auch nicht länger politisch kontaminiert.

An diesem unwahrscheinlichsten Ort der Stadt nun wieder Stadt zu schaffen, Stadt zurückzugewinnen, neu zu entwerfen, was originalgetreu zu rekonstruieren gänzlich unmöglich gewesen wäre: Das ist es, was im Innersten die Geschichte des »neuen« Potsdamer Platzes ausmacht. Das ist der Stoff eines neuen Mythos. Denn Großbauprojekte gibt es anderswo auf der Welt auch, und manche sind wohl noch viel größer. Aber nirgendwo hat sich auf diese einmalige Art und Weise das Unwahrscheinliche ereignet. Freilich, in den Köpfen der Investoren und der Planer, der Architekten und endlich der Bauleute hat sich nichts Unwahrscheinliches getan. Und die Selbstverständlichkeit, mit der der Platz heute »angenommen« wird, in lebendiger Benutzung ist, gibt ihnen Recht, das schönste Recht, das Bauleute sich überhaupt erträumen können.

Vielleicht bedurfte es lediglich der nüchternen Diesseitigkeit der »Macher«, um aus diesem Nirgend-Ort mit dem einstigen Namen Potsdamer Platz, dieser verlorenen Utopie, eine gebaute Vision zu machen. Dem Betrachter, der in früheren Jahren mit Schmerz den verfluchten Flecken Land, dieses zerwühlte und beraubte Gelände betrachtet hatte wie ein Menetekel alles Städtischen, erschien es unmöglich, hier jemals wieder etwas wachsen zu lassen, das mehr ist als das Unkraut über den von schütterer Erde gedeckten Fundamentruinen. Darum ist ja das fertige Ensemble von Bauten, von Stockwerken und Büroflächen und Ladengeschäften, von Bürgersteigen, Passagen, Plätzen – trotz seiner heutigen Selbstverständlichkeit – so überraschend und Staunen machend. Es hat sich eigentlich gar nicht ereignen können an dieser besonderen Stelle.

Plötzlich wurde dann doch, nach all den gigantischen Anstrengungen der an vielen Bauten gleichzeitig zu bewältigenden Arbeiten, Einweihung gefeiert, Millionen kamen, solche, die nie gezweifelt hatten und solche, denen das ganze Vorhaben unwahrscheinlich und darum auch unwirklich vorgekommen war und die sich aus diesem Grund mit eigenen Augen, mit ihren eigenen Schritten der neuen Wirklichkeit versichern mussten. Das ist er, der Stoff für den neuen Mythos.

Auch wenn es die Dampframme von Alfred Döblins Alexanderplatz hier kein zweites Mal gegeben hat.

A new myth
Much more than just a new district has arisen at Potsdamer Platz
by Bernhard Schulz

"Boom, boom went the steam pile-driver, as it came down again and again", wrote Alfred Döblin in his famous novel *Berlin Alexanderplatz*, thus creating a memorable image for the building activity in Berlin. Without this pile-driver, which provides the background noises in the life of Franz Biberkopf, Alexanderplatz would never have ingrained itself in the collective consciousness the way it did, if at all.

And Potsdamer Platz? Isn't Potsdamer Platz even more important for Berlin than "Alex", as Alexanderplatz is popularly known? Isn't it more important because it was once the place where everything was to be found that made Berlin the city it was, with the traffic tower as "Europe's first traffic light" in the middle? Wasn't it the square whose name still epitomises what we mean by metropolis?

Undoubtedly. All that was missing was the steam pile-driver.

Now all that is in the past. The "myth of Potsdamer Platz" has been conjured up beyond all measure over the past few years. It was to form the common point of reference for the hectic first few years of reconstruction of the "New Berlin". Because there was still so little on view to demonstrate Berlin's new role as capital city, its metropolitan significance and growing population figures, which were everywhere being invoked, an image was needed to encapsulate all the fine-sounding verbiage. This is no longer the case. Berlin is the capital, and is functioning – at any rate as a capital; not quite so well as a community, but this does not apply so much to everyday life, which pulsates in the newly created streets as though there had never been a "before".

"Before", not even as much as a decade ago, there were still trees growing in the area that, naturally, is known once again as Potsdamer Platz, surrounded by a spreading wilderness. The sole exception, and melancholic (reverse) side of this myth, was Weinhaus Huth (the wine store), at that time visible from far and wide as a cheerless relic of the past – and today framed closely and at the same time most obviously by its new neighbours, between which it can play its rightful role as a stronghold of refined hospitality. Then the excavators and pile-drivers, holes of mine-like proportion appeared, precisely measured and set out. Then the cranes grew to create filigree forests, turning silently and uniformly at the command of an invisible conductor. Concrete flowed around artistically woven steel columns, soaring upwards to form daring structures. And suddenly it was finished: Potsdamer Platz.

No, of course it wasn't. A number of buildings have been erected, impressively crowned by the constellation of three 100-metre-tall tower buildings, standing side by side, which, in evidently perfect harmony, speak three different languages of contemporary architecture: on the left, Renzo Piano's elegant *alta moda* tower in pale ochre terracotta; in the middle, Hans Kollhoff's mighty Art Deco tower, rising high and awakening the Nordic clinker brick to the most beautiful nuances of colour; and on the right, the German-American Helmut Jahn's hi-tech glass semi-circle. And it is precisely there, on the right-hand side of the square, that, after a certain pause in building activity, in breathtakingly quick succession further buildings have arisen, not as high as the trinity of towers, but subtly graduated in height, in communication with the expanse that characterises Berlin more than any other European metropolis, and that, not far from the Potsdamer Platz, merges into the natural greenness of the Tiergarten.

Here we have a thoroughly confusing concentration of houses whose collective name, Beisheim Centre, conceals more than it discloses, for beneath it there lie hidden hotels of the most distinguished categories as well as office and residential buildings. These too are numbered among the best that Berlin has to offer, and, in a contemporary studio apartment-block style, form a link with the seam between bustling big city and the restful green of Berlin's "Central Park".

Alongside the old, much-cited myth a new one has arisen, or is at least beginning to emerge: the myth of the "new" Potsdamer Platz. It is no longer the visions of a "new Berlin" that are encompassed here, close to the very edge of megalomania, but the images of big-city everyday life, full of passers-by, employees of the countless offices and tourists gazing curiously about, a mixture which gives the square rather an air of cheerful festivity. Day by day, it is true, endless lines of traffic form tailbacks at the traffic lights – already, once again, the Potsdamer Platz has become a traffic junction – but there is never that urgent pressure of time that often makes similarly busy junctions so unpleasant. It is as though the proverbial Berlin sense of urgency and a relaxed attitude which is equally typical of Berlin are happily in balance with each other in the new Potsdamer Platz.

From the Info-Box, that already legendary red box on the periphery of the square, which was dismantled according to plan at the end of 2000, one could look on as the image of the creation of the new Potsdamer Platz unfolded like slow-motion film, moving steadily forwards. Pierre Adenis' photographs show us every single frame of this film. But that is not all, for the photographer has seen a lot more than we normal mortals could have ever hoped to see. He had access to every fragment of the emerging reality known as Potsdamer Platz. He was able to choose among a thousand and one perspectives that we could never have detected from the Info-Box, pressing ourselves against the fences surrounding the building site, or bending over the parapets of the building pits. Looking at Adenis' photographs, the film inside our heads evolves into a kaleidoscope of parallel and interpenetrating impressions that are even more confusing than those stored away in our memories. However, they finally turn out to be far more illuminating now that the kaleidoscopic images are arranging themselves to form a consistent whole.

In the meantime, Pierre Adenis has observed the everyday life of the square with the same inquisitive sympathy mingled with an admirable sense of the special moment. Everyday life – for Adenis this always, and above all, means the everyday life of people, their doings and their presence. For the square is no longer an object of amazement; it has been appropriated by its users. Some of them come laden with carrier bags from the shopping arcade at a short distance from the square, heading for the two prominent entrances to the multi-platform railway station complex; some, in business suits and carrying briefcases, traverse the zebra crossings; some, in the evening, in their search for entertainment, are faced with the choice between two of the largest cinema centres in the city – to say nothing of the countless cafés, restaurants and bars. The forest of cranes has disappeared. But one day it will come to represent this phase of upheavals and reconstruction. Now we can experience it only by turning around – because on the other side of Potsdamer Platz another square is being built up, the Leipziger Platz. This is actually only the octagonal extension of a street, Leipziger Straße, which now extends as a ceaselessly busy traffic artery in an easterly direction into the depths of Berlin. The "Leipziger" was never a real square; no roads crossed each other here. It was the Potsdamer – outside the city limits, that is, once situated outside the gates of Berlin – that was the true crossroads. But the building up of the Leipziger Platz, laid out much more uniformly than its counterpart, in the height and elevation of its buildings and the design of its façades, forms a picture of unity, admittedly offering nuances worthy of precise observation. In a sense it forms the foil before which the vibrant variety of the Potsdamer Platz really fully comes to life.

By the time the upheavals of 1989 took place, nobody really knew the true location of Potsdamer Platz. Before the upheavals, the Wall ran across the site, beneath whose radical absence of city-presence the ground-plan of the old square seemed, somewhere or other, to reveal itself. The division of Berlin, which had become irreversible with the construction of the Wall, and was progressively perfected during the years that followed, obliterated Potsdamer Platz like no other place in the city. And if the term "wasteland" attained its graphic incarnation anywhere at all, then it was here. It was not nature that had returned, however, but the emptiest of all conceivable voids, the negation of all things urban. When the Wall fell, or rather, when people bored holes through it, and it lost its function even before it could be physically removed, the wasteland did not undergo a retransformation. It remained a void, even if it was no longer politically contaminated.

The recreation of the city at this most unlikely of city locations, and the redesigning of something which would have been impossible to reconstruct, even in part, in any way faithful to the original: this is what constitutes the essence of the history of the "new" Potsdamer Platz. This is the stuff of which the new myth is made. Large-scale building projects, as those who have travelled from afar teach us, exist in other parts of the world too, and some are probably much larger. But nowhere has such an unlikely project been realised in such a singular manner. Admittedly, in the heads of the investors and planners, the architects and the builders, there was nothing unlikely about the project. And the matter-of-fact way in which the square is "accepted" today, and is in active use, justifies them to the most beautiful extent that its builders could ever have dreamed.

Perhaps all that was needed was the sober worldliness of the "doers" in order to transform this nowhere-land, this lost utopia, once known as Potsdamer Platz, into a constructed vision. To the beholder who, during the early years, felt the pain of seeing this accursed piece of land, this churned-up and plundered site – like an ill omen of all things urban – it would have seemed impossible to allow anything other than weed to grow over these foundation ruins, buried by earth, in the future. And this is precisely the reason why this completed ensemble of buildings, of stories, office spaces and shops, of pavements, passages and squares, and heaven knows what else, is so surprising and provokes such astonishment. In actual fact, it was the very last place where a project of this nature should have materialised.

Then, after all the gigantic efforts to deal with all the tasks to be accomplished simultaneously on the many buildings, came the opening ceremony. Millions came, people who had never entertained the slightest doubt, and others who had found the entire project unlikely and thus unreal, and had to reassure themselves of the new reality by taking this step and seeing it with their own eyes. And here it is, the stuff of which the new myth is made.

Even if, this time, the steam pile-drivers of Alfred Döblin's Alexanderplatz were not required.

Un nouveau mythe
La Potsdamer Platz, plus qu'un nouveau quartier citadin
par Bernhard Schulz

« Woum, woum, inlassablement, la machine de battage à vapeur produisait le même bruit sourd ». Cette image frappante décrivant les travaux berlinois est d'Alfred Döblin. Sans cette machine à vapeur qui constitue le fond sonore des aventures de Franz Biberkopf, l'Alexanderplatz n'aurait pas pris une telle place dans la mémoire collective.
Et la Potsdamer Platz? N'est-elle pas plus importante pour Berlin que « l'Alex »? Plus importante, parce qu'elle est le lieu qui autrefois portait en lui tout ce qui faisait de Berlin une métropole, avec sa tour de circulation, « premier feu de signalisation d'Europe » en son centre. Dans son seul nom se concentre depuis lors tout ce qui fait la définition du terme « métropole ». Sans aucun doute, mais il lui manquait la machine de battage à vapeur …
Cette dernière appartient maintenant au passé. De longues années durant, le « mythe de la Potsdamer Platz » a été ressassé à l'extrême. Il devait symboliser pour chacun les premières années de construction frénétique du « Nouveau Berlin ». Si l'on invoquait sans cesse son rôle de capitale, sa dimension de métropole et sa croissance en chiffres, fort peu s'en laissait encore voir. Il fallait donc que naisse une image qui puisse capter l'ensemble de ce verbiage. Ce n'est à présent plus nécessaire. Berlin est une capitale, fonctionne dans tous les cas comme telle ; comme communauté plus difficilement, mais cela ne concerne pas vraiment la vie quotidienne, dont le rythme intense anime les rues fraîchement construites, comme si « avant » n'avait jamais existé.
Avant, c'est-à-dire il y a à peine une décennie, l'endroit, qui a aujourd'hui bien sûr retrouvé son nom de Potsdamer Platz, était un terrain à l'abandon où ne poussaient que quelques arbres. Seule exception reflétant le côté mélancolique de ce mythe, la « Weinhaus Huth ». A l'époque surtout considérée comme un triste reste du passé, le lieu a de nos jours retrouvé, étroitement mais aisément encadré par ses nouveaux voisins, son rôle habituel de trésor de haute gastronomie. D'un seul coup arrivèrent les excavateurs et les marteaux piqueurs, creusant des trous d'une précision impressionnante, aussi grands que des mines à ciel ouvert. Les grues ont ensuite fait leur apparition, semblables à des forêts filigranes, silencieuses et uniformes, tournant sur elles-mêmes selon une mise en scène secrète. Le béton s'est mis à couler, s'enroulant autour de barres d'acier artistiquement tressées, se dressant dans les airs pour créer des constructions extravagantes. Et tout à coup voilà la Potsdamer Platz terminée. Mais pas encore tout à fait. Une série de bâtiments a déjà vu le jour, couronnée par l'impressionnante triade de tours de 100 mètres de haut, qui côte à côte et dans une indéniable harmonie, parlent trois langues bien différentes de l'architecture contemporaine : sur la gauche l'élégante tour Alta-Moda de Renzo Piano, couleur terre cuite claire et tranquille ; au centre la colossale tour Art-Déco de Hans Kollhoff, en clinker du nord éveillant les plus belles nuances de couleur ; sur la droite enfin le demi-cylindre hi-tech tout de verre du germano-américain Helmut Jahn. Du côté droit de la place précisément s'est élevée en un temps record une série d'autres bâtiments de construction relativement homogène. Ceux-ci n'atteignent pas la taille de la trinité des tours, mais s'intègrent en un subtil dégradé dans cet espace qui caractérise Berlin plus que toute autre métropole européenne, et qui non loin de la Potsdamer Platz se poursuit dans la verte nature du Tiergarten.
Cette agglomération de bâtiments tout à fait déroutants, dont le nom « Beisheim Center » est tout sauf explicite, cache cependant hôtels de luxe, immeubles de bureaux et habitations. Ces derniers comptent également parmi les meilleures infrastructures, qui cherchent leur place sur le marché à Berlin, en tant qu'habitations-appartements contemporains liés à la tradition de vie de la haute bourgeoisie, et ce à la frontière entre l'intense activité d'une métropole et la calme verdure du « Central Parc » berlinois.

Un nouveau mythe a pris place à côté du précédent tant ressassé, ou est en tout cas en train de voir le jour : le mythe de la nouvelle Potsdamer Platz. Il ne renferme à présent non plus les visions d'un « Nouveau Berlin » à l'extrême limite de la folie des grandeurs, mais les images d'un quotidien de métropole où se bousculent les passants, les uns employés dans les nombreux bureaux, les autres, touristes regardant avec curiosité autour d'eux, pour former un mélange qui donne à la place son côté joyeux et festif. Chaque jour se forment d'interminables colonnes de véhicules aux feux de signalisation – la Potsdamer Platz est à nouveau un important nœud de circulation – qui cependant ne laissent jamais ressentir cette pesante urgence de temps qui rend souvent si désagréables les grands carrefours de ce genre. Il semble que le rythme littéralement frénétique de Berlin et un certain flegme tout à fait berlinois lui aussi, se soient accordés pour, sur la Potsdamer Platz, tenir la balance dans un heureux équilibre. Depuis l'Info-Box, cette boîte rouge située au bord de la place et devenue légende après son démontage selon les plans à la fin de l'année 2000, on pouvait observer le spectacle de la naissance de la nouvelle Potsdamer Platz comme un film se déroulant très lentement, mais à une vitesse régulière. Les photos de Pierre Adenis constituent les instantanés de ce film. Ou plutôt non. Car le photographe a vu beaucoup plus de choses que nous autres simples « mortels ». Il a pu jouir de mille et une perspectives qui nous étaient inaccessibles depuis l'Info-Box, le long des palissades des chantiers ou encore depuis les garde-fous surplombant les fouilles. Le film qui se déroulait dans notre tête se transforme avec ses photos en un kaléidoscope d'impressions parallèles s'enchaînant les unes aux autres. Le résultat est encore plus déroutant que ce que nous avons conservé en mémoire, mais au bout du compte beaucoup plus éclairant, lorsque les images du kaléidoscope s'ordonnent pour former un tout cohérent.

Pierre Adenis a entretemps observé le quotidien de la place avec le même mélange de curiosité, d'engagement, et son remarquable sens du moment unique. Pour Adenis, le quotidien est toujours au premier chef le quotidien des hommes, dans leurs actes et leur présence. La place n'est plus un objet d'étonnement, ses utilisateurs en ont pris possession, qu'ils viennent de la galerie commerciale située un peu à l'écart de la place les bras chargés d'achats et se dirigent vers les larges entrées de la gare aux nombreuses voies ferrées, qu'ils traversent les passages piétons munis de leur mallette ou dans leur costume d'homme d'affaire, ou encore le soir, lorsqu'ils sont à la recherche de divertissement, hésitant entre les deux des plus grands centres de cinéma de Berlin, sans parler des nombreux cafés, restaurants et bars.
La forêt de grues a disparu. Ce cliché permettra plus tard d'identifier cette période de bouleversements et de reconstruction. On ne peut plus la vivre qu'en se retournant : c'est que de l'autre côté de la Potsdamer Platz une autre place est en construction : la Leipziger Platz, qui n'est en réalité que l'extension octogonale d'une rue, la Leipziger Straße, aujourd'hui artère de circulation intense qui se poursuit en direction de l'Est jusque dans le fin fond de Berlin. La « Leipziger » n'a jamais été une véritable place, n'étant pas un croisement. C'était sur la « Posdamer », située devant les tours de Berlin, que se croisaient les routes. La Leipziger Platz – de construction bien plus homogène que son pendant tant sur le plan de la hauteur, de la stature des bâtiments, que de l'architecture des façades, et constituant un modèle d'unité qui offre à y regarder de plus près des nuances dignes d'intérêt – représente pourtant quelque part la folie qui fait éclater au grand jour l'hétérogénéité vibrante de la Potsdamer Platz.
Avant la chute du Mur, plus personne ne savait exactement où se trouvait cette place. Le mur courait sur ce terrain dépourvu de toute urbanité qui laissait à

peinc, en certains endroits, apparaître le plan de l'ancienne Potsdamer Platz. La division de Berlin, devenue irrémédiable après la construction du Mur et perfectionnée durant les années qui suivirent, fit disparaître la Potsdamer Platz plus que toute autre partie de la ville. S'il était un lieu où le mot « friche » prenait tout son sens, c'était bien ici. La nature n'avait pas repris ses droits, c'est plutôt le vide le plus absolu que l'on puisse imaginer qui avait été créé, la négation de toute urbanité. Lorsque le Mur est tombé ou plutôt a été percé de trous, perdant ainsi sa fonction avant même d'être matériellement éliminé, la friche n'a bien sûr pas pu rendre l'endroit à son état antérieur. Le vide y est resté omniprésent, même s'il avait perdu toute connotation politique. Recréer, regagner un espace urbain dans cette partie improbable de la ville, concevoir de nouveaux plans, reconstruire même en partie l'ancien quartier, tout cela tenait de l'impossible. C'est ce qui au fond fait l'histoire de la « nouvelle » Potsdamer Platz et donne matière à un nouveau mythe. Il existe d'autres grands projets architecturaux de par le monde, certains ont même bien plus d'ampleur. Mais on n'a vu nulle part au monde se produire d'une façon aussi unique ce qui apparaissait comme absolument infaisable. Certes, les investisseurs et les concepteurs, les architectes et les constructeurs n'ont pas vu les choses de cette façon. Et le naturel avec lequel cette place a été « acceptée » et exploitée de façon si intense, est pour les constructeurs la plus belle des confirmations que tout cela n'avait rien d'impensable.

Peut-être fallait-il le côté terre-à-terre des constructeurs pour faire de ce lieu de nulle part autrefois appelé Potsdamer Platz, de cette utopie perdue, une vision construite. L'observateur qui autrefois ne pouvait que regarder avec douleur cette friche maudite, ce terrain abandonné et spolié, la négation de toute urbanité, cet observateur n'aurait pu imaginer voir pousser autre chose sur cette friche que des mauvaises herbes sur une mince couche de terre recouvrant d'anciennes ruines. C'est pourquoi le quartier actuel avec ses bâtiments, ses étages, ses bureaux et ses commerces, ses trottoirs, ses passages, ses places et quoi que ce soit d'autre ne peut provoquer que l'étonnement malgré l'évidence actuelle de son existence. Il paraissait impossible que cela puisse se produire à cet endroit si particulier.

Et pourtant, après les efforts herculéens pour mener simultanément les travaux sur tous ces bâtiments, on a soudain fêté des inaugurations, et ils sont venus par millions, ceux qui n'avaient jamais douté, et d'autres qui ne croyaient pas au projet ou ne le prenaient pas au sérieux et voulaient s'assurer de leurs propres yeux, de leurs propres pas de cette nouvelle réalité. Ainsi le nouveau mythe est né.

Même si la machine de battage à vapeur de l'Alexanderplatz d'Alfred Döblin n'a pas eu ici de seconde chance.

Un nuevo mito
En la Potsdamer Platz se ha alzado mucho más que un barrio urbano
de Bernhard Schulz

»Bum, bum, hacía el rodillo de vapor, una y otra vez«, de esta lacónica forma caracterizó Alfred Döblin la febril actividad constructora de Berlín. Sin la imagen y el ruido de fondo de este rodillo, Franz Biberkopf y su Alexanderplatz no se habrían grabado en la memoria colectiva como lo hicieron.
¿Y la Potsdamer Platz? ¿No es la Potsdamer Platz más importante para Berlín que la »Alex«? ¿No es acaso aquí donde antaño se reunía todo lo que representaba la gran ciudad de Berlín, con la torre de tráfico como »primer semáforo de Europa« en el centro? ¿No es hasta hoy su nombre sinónimo de metrópolis?
En principio sí... Sólo faltaba el rodillo de vapor.
Faltaba. Porque en los primeros años de construcción frenética del »nuevo Berlín«, el »mito Potsdamer Platz« fue erigido en estandarte de un proyecto, en un punto común de referencia: como al principio los objetivos invocados – la nueva capitalidad, la importancia como metrópolis, las cifras de crecimiento – eran poco más que un espejismo, era necesario componer una imagen que diera forma visible a las palabras. Esto, hoy, ya no es necesario. Berlín es capital, y funciona. Al menos como capital; como municipio un poco menos. Pero esto apenas influye en la vida cotidiana que palpita en las calles acabadas de crear, como si nunca hubiera existido un »antes«.
Antes, hace menos de una década, en el terreno que hoy puede volver a llamarse con toda naturalidad Potsdamer Platz, se levantaban unos pocos árboles rodeados de un amplio descampado. La única excepción y la cara melancólica de este mito era la Weinhaus Huth, bien visible desde lejos como triste testimonio del pasado – hoy en ceñido pero cómodo abrazo con sus nuevos vecinos, entre los que puede representar con elegancia su acostumbrado papel como restaurante de vinos. Entonces llegaron las excavadoras y los bulldozers, se abrieron fosas perfectamente delimitadas del tamaño de minas.

Las grúas empezaron a formar espesos bosques; mudas y regulares, se las veía girar al ritmo de una batuta oculta. Junto a barras de hierro artísticamente trenzadas fluyó el hormigón, que se erigió en osadas construcciones cada vez más altas. Y, de repente, estuvo concluida: la Potsdamer Platz.
Naturalmente, no fue así. Lo que sí surgió fue una serie de edificios coronada por la tríada de torres de 100 metros que en estrecha proximidad y manifiesta armonía hablan tres idiomas distintos de la arquitectura moderna: la elegante torre estilo alta moda con terracota ocre claro de Renzo Piano a la izquierda, la majestuosa torre art decó de nórdicos ladrillos y bellos matices cromáticos de Hans Kollhoff en el centro, y el semicírculo de alta tecnología del americano de origen alemán Helmut Jahn a la derecha. Y aquí, a la derecha de la plaza, tras un breve respiro en la actividad constructora, han crecido en un tiempo récord otros edificios, no a la altura de la tríada de torres, sino sutilmente escalonados hasta llegar a la llanura que caracteriza a Berlín más que cualquier otra metrópolis de Europa y que no lejos de la Potsdamer Platz se disuelve en la naturaleza verde del Tiergarten.
Una aglomeración de edificios a primera vista confusa, cuyo nombre común »Beisheim Center« oculta más que manifiesta, pues comprende hoteles de categoría superior, edificios de oficinas y casas de viviendas. También éstas son de lo mejor que se encuentra en Berlín, y aquí, en el punto de intersección entre la agitada ciudad y la verde tranquilidad del »Central Park« berlinés, combinan la arquitectura contemporánea de los edificios de apartamentos con la forma tradicional de vivir de la alta burguesía.
Junto a los viejos y tan citados mitos, se ha intercalado, o al menos está surgiendo, un nuevo mito, el de la nueva Potsdamer Platz. Éste ya no incluye de forma global las visiones de un »nuevo Berlín« al borde del delirio de grandeza, sino las imágenes de la vida cotidiana en la gran ciudad, llena de viandantes,

empleados en alguna de las innumerables oficinas los unos y curiosos turistas los otros, que, en su imposible mezcla imprimen a la plaza un carácter entre ceremonioso y festivo. Por supuesto que un día tras otro se agolpan ante los semáforos filas infinitas de vehículos – la Potsdamer Platz vuelve a ser un punto de intersección para el tráfico –, pero sin llegar nunca a ese paroxismo que hace tan desagradables otros cruces de tránsito equiparable. Parece como si las prisas y la calma que suele atribuirse a los berlineses según las ocasiones, aquí, en la nueva Potsdamer Platz se encontrasen en un equilibrado y afortunado punto medio.

Desde la Info-Box, aquella caja roja ya legendaria al borde de la plaza, que fue desmontada tal como se había proyectado a finales del año 2000, se podía observar la imagen del resurgir de la nueva Potsdamer Platz como en una película lenta pero continua. Esta película nos la muestran las fotografías de Pierre Adenis desgranada en sus imágenes individuales. Pero, una vez más, hay que matizar: pues el fotógrafo ha visto mucho más que lo que podríamos ver nunca los simples mortales. Adenis ha tenido acceso a todas las secciones de esta realidad en proceso de formación conocida bajo el nombre de Potsdamer Platz, captando mil y una perspectivas que desde la Info-Box, apretados a las vallas de las obras o por encima de las barandillas de las fosas, no podíamos ni imaginar. Sus fotografías amplían la película que guardamos en la cabeza, hasta formar un caleidoscopio de impresiones paralelas y entrelazadas, aún más confusas que las que hemos almacenado en la memoria, pero al final, cuando las imágenes del caleidoscopio se ordenan por fin en un todo con sentido, también mucho más claras.

Finalmente, Pierre Adenis ha observado de la misma manera la vida cotidiana de la plaza, con esa mezcla de curiosidad, perceptividad y capacidad de captar los instantes especiales. La vida cotidiana – para Adenis esto significa, siempre y en primer lugar, la vida cotidiana de las personas, sus acciones y su presencia. Y es que la plaza ha dejado de ser simple objeto de admiración, siendo adoptada por sus usuarios, ya vengan cargados con bolsas de la compra del pasaje comercial y se dirijan a una de las dos amplias entradas de la estación de varias vías, ya crucen el paso cebra con sus carteras y trajes de negocios, o bien tengan que decidir por la noche entre uno de los dos cines más grandes de la ciudad – además de los incontables cafés, restaurantes y bares.

El bosque de grúas ha desaparecido. En él se reconocerá un día la imagen de los tiempos de renovación y construcción. Una imagen que ya sólo se puede percibir girando sobre los propios talones: porque al otro lado de la Potsdamer Platz se está construyendo otra plaza, la Leipziger Platz. En realidad, ésta es sólo la ampliación octogonal de una calle, la Leipziger Straße, que ahora se estira como una arteria invariablemente transitada en dirección este hacia las profundidades de Berlín. La »Leipziger« nunca fue una plaza en sí, aquí no cruzaba nada. Era la vecina »Potsdamer«, antaño situada ante las puertas de Berlín, donde se cruzaban los caminos. Pero la Leipziger Platz, todo un paradigma de uniformidad en cuanto a la altura y el diseño de sus edificios y la forma de sus fachadas, mucho más regular que su hermana gemela, pero de dignos matices, constituye el trasfondo ideal para destacar la pulsante realidad de la Potsdamer Platz.

En las décadas pasadas, antes de que se produjera el cambio, ya nadie sabía realmente dónde se había encontrado antaño la Potsdamer Platz. Antes del cambio estaba allí el Muro, que cruzaba el terreno, y en la negación más extrema de la ciudad se dibujaban en algún lugar los límites de la antigua plaza. La división de Berlín, que debía convertirse en irreversible con la construcción del Muro para ser perfeccionada en los años siguientes, hizo desaparecer la Potsdamer Platz como ningún otro lugar en la ciudad. Si el concepto de

»descampado« era palpable en algún lugar, era aquí. No sólo había vuelto la naturaleza, sino el vacío más despiadado, la negación de todo lo urbano. Cuando el Muro cayó, o mejor dicho fue agujereado y perdió su función antes aún de poder ser transportado físicamente, el descampado no volvió a convertirse automáticamente en lo que había sido antes. Se quedó en vacío, aunque ya no estuviera políticamente contaminado.

Devolver a la ciudad el antiguo terreno allí donde muestra su cara más anodina, proyectar como nuevo lo que habría sido totalmente imposible de reconstruir manteniéndose fieles al original: esto es lo que verdaderamente caracteriza la historia de la »nueva« Potsdamer Platz. Éste es el material del que está hecho un nuevo mito. Pues proyectos para grandes ciudades también los hay en otros lugares del mundo, y en ocasiones de dimensiones aún mayores. Pero en ningún otro lugar ha ocurrido lo improbable de una forma tan única. Por supuesto, en las cabezas de los inversores y los proyectores, los arquitectos y finalmente los constructores no ha sucedido nada improbable. Y la normalidad con que la plaza es »aceptada« y está viva hoy, el mejor reconocimiento para cualquier constructor, les da toda la razón.

Tal vez sólo era necesario el pragmatismo sobrio de los »hacedores« para convertir este no-lugar con el antiguo nombre de Potsdamer Platz, esta utopía perdida, en una visión construida. Al observador que antiguamente había contemplado con dolor esta mancha maldita de tierra, este terreno robado y profanado como un conglomerado informe de todo lo urbano, le parecía imposible volver a hacer crecer aquí algo más que las malas hierbas sobre las ruinas cubiertas de polvo. Es por ello que el conjunto acabado de edificios, pisos, oficinas y negocios, de aceras, pasajes y plazas es tan sorprendente y admirable a pesar de su aparente normalidad actual. En realidad tendría que haber sido imposible que sucediese en este lugar especial.

Y, de repente, tras el gigantesco esfuerzo de los trabajos a realizar simultáneamente en muchas construcciones, se celebró por fin la inauguración. Acudieron millones, los que nunca habían dudado de los resultados y los que habían considerado improbable, irreal el proyecto, por cuyo motivo necesitaban comprobar con los propios ojos, con los propios pasos, la nueva realidad. Éste es el material del que está hecho el nuevo mito.

Aunque el rodillo de vapor de la Alexanderplatz de Alfred Döblin no encontrara ya aquí aplicación.

Un nuovo mito
A Potsdamer Platz è sorto un nuovo quartiere urbano – e qualcosa di più
di Bernhard Schulz

»Bum, bum, strepita il battipalo a vapore«, questa l'incisiva immagine scelta a suo tempo da Alfred Döblin per descrivere l'attività edilizia a Berlino. Senza quel battipalo che faceva da sottofondo alla vita quotidiana di Franz Biberkopf, Alexanderplatz non si sarebbe impressa così tanto nella memoria collettiva. E Potsdamer Platz? Potsdamer Platz non è forse per Berlino più importante di Alexanderplatz? Più importante, perché è il luogo in cui un tempo confluiva tutto ciò che faceva di Berlino una metropoli, con al centro la torretta del semaforo – il »primo d›Europa« – e il cui nome a tutt'oggi è sinonimo di ciò che è metropolitano?

È vero, a Potsdamer Platz mancava il battipalo a vapore.

Fin qui il passato. Il »mito Potsdamer Platz« è stato evocato oltremisura per diversi anni. Doveva essere il punto di riferimento comune per i primi frenetici anni della ricostruzione della »Nuova Berlino«. Essendo ancora ben poco visibile quel che si andava sbandierando ai quattro venti come simbolo del nuovo ruolo della capitale, dell'importanza della metropoli e dei tassi di crescita, ci voleva un'immagine che rendesse tangibili tutti quei paroloni altisonanti. Ora non ce n'è più bisogno. Berlino è la capitale e funziona almeno come capitale, un po' meno come comune, ma è un discorso che in verità non tocca molto da vicino la vita quotidiana che pulsa nelle strade appena costruite, come non fosse mai esistito un »prima«.

Prima, infatti, meno di dieci anni fa, su quell'area che ora è tornata con naturalezza a chiamarsi Potsdamer Platz, crescevano gli alberi, circondati da lande desolate. Unica eccezione e lato malinconico di quel mito era la Weinhaus Huth, allora ben visibile da lontano come un triste e solitario residuo del passato, oggi è attorniata dai nuovi vicini, in un abbraccio stretto, ma ovvio, tra i quali può svolgere il suo ruolo connaturato di oasi di raffinata ospitalità. Poi, all'improvviso, sono arrivate le ruspe e le trivelle, si sono aperti buchi grandi come cave, perfettamente squadrati e recintati. In seguito sono spuntati interi boschi di gru dalle sagome di filigrana, che ruotavano in muta uniformità dirette da una invisibile regia. Sono colati fiumi di cemento ad avvolgere ferri abilmente intrecciati, per poi ergersi verso l'alto a formare ardite strutture, ed improvvisamente Potsdamer Platz era terminata.

No, ovviamente non è vero. È sorto un certo numero di edifici, inglobati nell'orbita dell'impressionante triplice costellazione dei grattacieli alti 100 metri che, affiancati l'uno all'altro in ottima e palese armonia, interpretano con tre differenti linguaggi l'essenza dell'architettura contemporanea: l'elegante torre »haute couture« di Renzo Piano in terracotta chiara color ocra sulla sinistra, al centro la torre art-déco maestosamente impennata di Hans Kollhoff, che riverbera bellissime sfumature cromatiche sulla facciata in clinker nordico, e sulla destra il semicerchio high-tech del tedesco-americano Helmut Jahn. E proprio lì, sul lato destro della piazza, dopo un momentaneo rallentamento dell'attività edilizia, si sono innalzati verso il cielo con una rapidità mozzafiato altri edifici, meno alti della trinità di torri, ma delicatamente digradanti e protesi verso quella vasta area che caratterizza Berlino più di altre metropoli europee e che poco lontano da Potsdamer Platz si trasforma nella verde natura del Tiergarten. Si tratta di un agglomerato senz'altro disorientante di edifici, il cui nome collettivo »Beisheim Center« maschera più di quanto riveli, dato che ospitano hotel di prima e primissima categoria, palazzi direzionali e residenziali. Anche loro fanno parte di quanto di meglio offra il mercato berlinese, riallacciandosi con una modernissima connotazione da residence alla tradizione dell'abitare dei ceti medio alti, qui nel punto di congiunzione tra la grande città indaffarata e il tranquillo verde del »central park« berlinese. Il vecchio mito, citatissimo, è stato affiancato da un nuovo mito, quello della nuova Potsdamer Platz. In esso non si fondono più le visioni di una »Nuova Berlino« che rasenta la mega-

lomania, bensì le immagini di una quotidianità metropolitana piena di passanti, gli uni occupati negli innumerevoli uffici, curiosi turisti che si guardano intorno gli altri, dando insieme alla piazza un che di serenamente festoso. Certo, giorno dopo giorno interminabili colonne di macchine fanno la fila ai semafori – Potsdamer Platz è infatti già tornata a essere nodo stradale – ma non si percepisce mai quell'atmosfera pressante da minuti contati che spesso rende tanto sgradevoli altri incroci altrettanto vivaci. Pare che la proverbiale fretta dei berlinesi abbia incontrato a Potsdamer Platz una pacatezza pure essa caratteristica di Berlino fondendosi in un felice ed armonioso connubio.
Dalla Info-Box, l'ormai leggendario cubo rosso ai margini della piazza, smantellato come previsto alla fine del 2000, si poteva osservare la nascita della nuova Potsdamer Platz come un lento film a proiezione continua. Le fotografie di Pierre Adenis ci presentano i singoli fotogrammi di questo film. Eppure non è del tutto così: Il fotografo infatti ha visto molto di più di quello che saremmo mai riusciti a vedere noi comuni mortali. Ha avuto accesso a tutte le aree di questa realtà nascente chiamata Potsdamer Platz, a lui si sono offerte mille e una prospettiva che noi, dalla Info-Box o schiacciati lungo le recinzioni dei cantieri e sporti oltre le ringhiere degli scavi non siamo riusciti a cogliere. Grazie alle sue fotografie il film che abbiamo in mente si dilata diventando un caleidoscopio di impressioni parallele e intersecate tra loro, ancora più conturbante di quello che abbiamo registrato nella memoria, ma alla fine, appunto, anche molto più illuminante, ora che le immagini del caleidoscopio si sono ricomposte a formare un insieme compiuto.
Pierre Adenis ha osservato nel frattempo la quotidianità della piazza con lo stesso sguardo, fatto di curiosità, partecipazione e di un'ammirevole sensibilità per il momento particolare. Quotidianità – per Adonis significa sempre e soprattutto quotidianità della gente, delle loro azioni e della loro presenza.

La piazza ormai non è più oggetto di stupore, piuttosto i suoi utenti se ne sono impossessati, chi proveniente dalla galleria poco distante dalla piazza, carico di borse della spesa e in procinto di puntare verso i due ampi ingressi della stazione con i suoi numerosi binari, chi in attesa di attraversare le strisce pedonali in giacca e cravatta, oppure, la sera, alla ricerca di svago, incerto quale dei due cinema multisala più grandi della città scegliere – per non parlare dei numerosi caffè, ristoranti e bar.
Il bosco di gru è scomparso. In futuro diventerà la metafora dei tempi del mutamento e della ricostruzione. Ormai lo si nota solo girandosi dalla parte opposta, verso l'altro lato di Potsdamer Platz, dove sta per essere costruita un'altra piazza, Leipziger Platz. Si tratta, in fondo, soltanto di una strada che si allarga ad ottagono, la Leipziger Strasse, un'arteria ora fortemente trafficata che si estende fin nel profondo est di Berlino. La »Leipziger« non è mai stata una vera e propria piazza né è mai stata un crocevia. Era nella piazza per così dire »fuoriporta«, quella che a suo tempo si trovava appena fuori dalle porte di Berlino, la »Potsdamer«, dove si incrociarono i percorsi. Ma l'architettura di Leipziger Platz, con un impianto molto più regolare rispetto a quello del suo pendant, riflette nell'altezza e nella pianta dei suoi edifici e nello stile delle facciate un'immagine molto più uniforme, pur offrendo sfumature senz'altro degne di uno sguardo più attento, e costituisce in un certo senso lo specchio che risuscita a piena vita la vibrante poliedricità di Potsdamer Platz.
Dove si trovasse esattamente Potsdamer Platz prima della caduta del Muro non lo sapeva infatti più nessuno. C'era il Muro che passava allora in mezzo a quell'area, sotto la cui disurbanità esasperata fino all'eccesso si delineava da qualche parte la pianta della piazza di una volta. La divisione di Berlino, che con la costruzione del Muro divenne irrevocabile e negli anni successivi fu sempre più perfezionata, fece sparire Potsdamer Platz più di ogni altro luogo della città.

Se c'è un luogo dove il concetto di »landa desolata« ha preso forma palese, è proprio questo. Non era la natura ad aver fatto ritorno, si era bensì creato il vuoto più vuoto che si possa immaginare, la negazione di ogni urbanità. Quando il Muro è crollato, o meglio: quando è stato sforacchiato perdendo la sua funzione prima di essere asportato anche fisicamente, non si ripristinò la landa desolata. Rimase il vuoto, anche se ormai senza la contaminazione politica. Creare quindi in questo luogo più improbabile della città un pezzo di centro urbano, recuperare la città riprogettando ciò che sarebbe risultato impossibile ricostruire riproducendo fedelmente l'originale: è questo il significato intrinseco della storia della »nuova« Potsdamer Platz. Ecco il materiale per un nuovo mito. Di megaprogetti infatti ce ne sono anche altri al mondo e alcuni sono certamente anche più imponenti. Ma in nessun altro luogo l'inverosimile si è fatto realtà in questo modo così unico. Certo, nelle menti degli investitori e dei progettisti, degli architetti ed infine degli operai edili non è accaduto nulla di inverosimile. E l'ovvietà con cui la piazza oggi viene »accettata«, è piena di vita, dà loro ragione, è la miglior conferma che la gente dei cantieri possa mai sognarsi.

Forse ci voleva semplicemente il sobrio realismo di queste persone pragmatiche per fare di questo non-luogo un tempo chiamato Potsdamer Platz, di questa utopia perduta, una visione realizzata. All'osservatore che in anni passati aveva contemplato con dolore quel dannato pezzetto di terra, quell'area disfatta e defraudata, scorgendovi l'anatema che incombe su ogni urbanità, sembrava impossibile che potesse mai crescervi qualcosa di più dell'erbaccia sopra le rovine delle fondazioni coperte da poca terra. È proprio per questo che, nonostante la sua ovvietà, il complesso finito di edifici, di piani, di uffici e negozi, di marciapiedi, gallerie, piazzette e quant'altro ci lascia così sorpresi e stupiti. Pareva impossibile che succedesse proprio in questo luogo in particolare.

Eppure a un certo punto, dopo i giganteschi sforzi per affrontare contemporaneamente i lavori per tutti quegli edifici, si sono festeggiate le inaugurazioni, sono arrivati milioni di persone, quelli che non avevano mai dubitato e quelli ai quali l'intera impresa era parsa incredibile e pertanto anche irreale, e che quindi dovevano convincersi con i propri occhi, con i propri passi, di questa nuova realtà. Eccolo qui, il materiale per il nuovo mito.

Anche se qui non si è rivisto il battipalo a vapore di Alexanderplatz di Alfred Döblin.

新たなミュトス
ポツダム広場に新しい街以上のものが一生まれた

ベルンハルト・シュルツ

「ブン、ブン、と蒸気ランマーが鳴った。繰り返し。」と、アルフレッド・ドブリンは印象的なベルリンの建設現場の様子を記した。フランツ・ビーバーコップの生活の背景をなすこの音なくしては、アレキサンダー広場がこれほど多くの人々の頭に焼きつけられることは決してなかったろう。

ポツダム広場はどうだろう？この方が「アレックス」よりベルリンの広場として有名なのではなかろうか？真ん中に「ヨーロッパで初めての交通信号機」であった信号塔を置き、首都をその名に凝縮させて、かつての大都市ベルリンを成したもの全てが集まっていた所だったのだから。

そう、確かに、蒸気ランマーが足りないだけだ。

でもそれはもう過去のことだ。「ミュトス─ポツダム広場」はここ数年大いに人口に膾炙されることとなった。ここが「新しいベルリン」再建の最初の共同拠点となったからだ。新しい首都としての役割、その重要性と発展を示す統計が必要とするものがまだ目に見えなかったため、何としてもそういう言葉の響きを形にしたものが欲しかった。その心配はもういらない。ベルリンは首都となり、きちんと首都として機能している─地方自治体としてはまだそこまでいかないが、「過去」という言葉が存在しないかのようにできたばかりの道路で鼓動している毎日の暮らしにはそれは影響しない。

以前、といっても十年にもならないのだが、今当たり前のように再びポツダム広場と呼ばれている所には木が生い茂り、荒野が広がっていた。唯一の例外としてこのミュトスとちょっと違った情緒が偲ばれたのが、ワインの店フートで、当時悲しい過去の遺産のように佇んでいるこの店が遠くから望まれたものである。それが今は当然のごとく所狭しと並んでいる新しいビルに挟まれ、昔からのいいレストランとしての役割を果たしている。そして突然パワーシャベルやランマーがやってきて、露天掘りのような規模で精密かつ整然と穴をあけ始めた。そしてクレーンが繊細な細工ものの森のように立ち並び、あたかも魔法の演出のように同じ動作で音なく回転し始めた。オブジェのごとく絡み合った鉄塔にコンクリートが流れ、それが目の回るような高みにまで聳え、あっという間に出来上がってしまった。それがポツダム広場だった。

勿論そうではなかった。現代建築の三つの顔をもち明らかに調和しあって並んでいる、１００mの高層ビル三本を中心にたくさんのビルが出来上がった：左にレンツォ・ピアノによる淡い黄土色のテラコッタを使ったアルタ・モーダビル、真ん中に威容を誇示してそそり立つ、ハンス・コールホフ設計の、北方風のタイルが美しい色のニュアンスを創造するアール・デコビル、そして左にドイツ出身のアメリカ人、ヘルムート・ヤーンになるガラスばりドーム型のハイテクビルだ。そしてちょっとした小休止の後、その広場のちょうど右側に息をつく暇もないほどの速さでビル群が立った。そのビル群は、三本の高層ビルの高みにではなく、広場に陰影をつけその平面を埋めていった。その平面が、ヨーロッパの数多の首都の中でベルリンを特徴づけるものなのだが、それがポツダム広場から遠くない動物園界隈のグリーンゾーンまで広がっている。

そこに出来上がった建築群は、その「バイスハイム・センター」という名を掲げるよりは隠すかのように様々な様式の集まったたたずまいの中に、一流、最高級ホテルやオフィスビルやマンションを内包している。そしてそれらのマンションは、現代の先端をゆくマンション建築と中・上流階級の住いの伝統とを、活気ある大都市とベルリンの「セントラルパーク」の緑の間の中継点にあるこの地で結び、ベルリンという市場でも最高の投資対象のひとつとなっている。

昔から多く引用されてきたミュトスに並び、新しいミュトスが出来上がりつつある─新しいポツダム広場をめぐる神話である。それは、誇大妄想になりそうな「新しいベルリン」の幻想とは違う。オフィス街で働く人々や珍しいビル街を散策するたくさんの旅行者たち、要するに大都市の日常を行き交う人々でいっぱいの広場がその建築群全体がかもしだす雰囲気に交じり合ってできる明るくはつらつとしたミュトスである。信号渋滞は確かに毎日あることはあるが、それはポツダム広場が交通網の接点である証拠であり、似たような交差点で通勤時間が食われてしまう焦りに通ずるネガティブな域までは達しない。ここポツダム広場では、誰もが口にするベルリンのせわしなさと、その一方ベルリンにある頓着のなさとの釣り合いが取れているようなのだ。

既に伝説化している、広場の隅にあった赤いインフォ・ボックスは２０００年末計画通り取り除かれたのだが、そこからはポツダム広場が徐々に出来上がっていく行程を、ずっと流し続けられている映画のように見ることができた。その映画の幾こまかを切り取って見せてくれるのが、ピエール・アデニスの写真である、と、言い切ってしまうこともできない。この写真家は普通の人間が見ることのできなかった所も見ているからだ。現実として成立しつつあったポツダム広場という名のこの広場の至るところに立ち入ってよい許可を持った彼は、インフォ・ボックスから、そして建設現場のフェンスの下や口をあけた穴の縁から覗き込んでも見られない、無数のアングルをもっていたからだ。彼の写真は、我々の頭の中に残っている映像と平行したり、互いに入り交じる万華鏡のような映画を作る。それがインプットされた映像よりずっと複雑な、それでいて最終的にはより鮮明な全体像と結ばれたものとして映し出される。その間ピエール・アデニスは広場の日常に興味と関心を持ち、特別な瞬間を関知する感嘆すべき感覚をもって様々な方向から観察した。日常と一言で言っても、アデニスにとっての日常は常に、そしてまず第一に、人間の日常である。人間のなすこと、またその存在自体である。目を見張る対象としての広場でなしに、それを利用する人間が所有するようになった場として。広場から少し離れたショッピング街からたくさんの買い物袋を下げてくる人々、プラットフォームが幾つもある二つの駅から出て来る人々、その降り口に急ぐ人々、スーツケースを手に、スーツに身を包み横断歩道をゆく人々、そして夜、余暇に二つの大きなシネセンターでどの映画を観ようかと迷っている人々。喫茶店、レストラン、バーの選択については言うまでもない。

クレーンの森が消えたことにより、転換、復興期の到来が知れるが、振り向くと、ポツダム広場の反対側にもう一つの広場ーライプツィッヒ広場 － が出来つつある。この広場はライプツィッヒ通りという、ベルリンの只中である東方に向って間断なく車が続く八角形の道路の延長なのだ。しかしこの「ライプツィガー」で交わるものは何もなかったから、それからいうと本来の意味での広場ではなかった。その前に位置する、かつてベルリンの門前だった「ポツダマー」こそ、多くの道が交わる地点だったのだ。ライプツィッヒ広場の建物はポツダム広場と比べると、高さや見取り図やファサードの概観の調和からして、ずっと一様の観がある。勿論細部に目をやればニュアンスの違いが見え、見てみる価値はあるのだが、それはそれを通すと躍動するポツダム広場の特異性がより生き生きとしてくる役割を果たすシートのような感がある。このポツダム広場が正確にどこにあったのか東西統合以前には知る者がなかった。統合前には東西の壁が広場全体を横切り、街らしきものがすっかりなくなってしまっていて、その下のどこかに広場の輪郭がおぼろげながら残っていた、という有り様だった。ベルリン分割を撤回できないものにするために壁が設けられ、その後その分割がますます完全なものにされるに従ってこの広場は市内で他に例のない形で抹消されてしまった。「休閑」という言葉がどこかで形にされたとすれば、それはここである。そこには自然は戻って来ず、都市を連想させるもの全てを否定する、考えられないほどの空虚さが満ちた。壁が落ちた時、言い換えれば、壁に穴があけられその機能が失われた時、その瓦礫が運び去られた後も、それによってその空虚さが元に戻ることはなかった。統合後の政策で顧みられなかった時期は長くなかったにせよ、空虚さはそのまま残った。

再び街を築くことが不可能であると思われたこの地に街を築くこと、街を再び取り戻し、過去そのままの形に再現しなおすことは完全に無理であると思われた街を新しく設計すること：それが、「新しい」ポツダム広場の心底からの歴史を作っているのだ。それが、新しいミュトスの要素なのだ。大規模な建設プロジェクトは世界の他の地にもたくさんあり、ずっと規模の大きいものは幾つもあるが、このような形で有り得ないことが起ったのはここだけだった。投資家、設計士、建築家、そして最後に建設労働者たちの頭の中で有り得ないことが起ったのでは勿論ない。この広場が今日まるで当たり前のように受け入れられ、生きて使われている、ということが、彼等が正しかったことの証であり、それは建設に携わる人々誰もがみる夢なのだ。

かつてポツダム広場と呼ばれた、失われたユートピア、この無の地に幻想を建てるには、実際それを可能にした「立役者達」の醒めた現実性が必要だっただけなのかもしれない。数年前までこの呪われた地、破壊され奪われた土地を見ては心を傷め、そこに都市らしきもの全てに迫り来る災いを見ていた人々にとって、まばらに土で覆

われた、土台のみの残るこの廃虚にいつか再び雑草以上の何ものかを生やすことは不可能に思えたのである。それだからこそ、出来上がった建築のアンサンブルは、今日では当然のようになった高層のオフィスやショッピング街、歩道、アーケード、小さな広場やその他諸々をもって、思いがけず、驚嘆に値するものであったりする。本来ならばこの特別な地には、何も起りえなかったのだから。

そして突然、多数の建物が同時に、しかも大変な熱の入れ様で建てられたあと、オープニングがあり、何百万もの人々が来た－決して疑いを持たなかった人々や、有り得ないこと、非現実的な企画と思っていた人々、そしてその理由で自分の目で見、足で歩き、この新しい現実を確かめずにいられなかった人々が。それこそが、新しいミュトスの要素なのだ。

アルフレッド・ドブリンのアレキサンダー広場の蒸気ランマーがここで再び活躍することがなかったにしても、である。

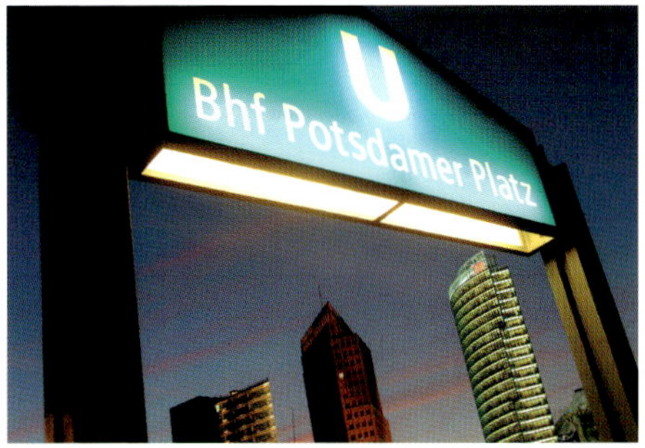
U
Bhf Potsdamer Platz

Potsdamer Platz bei Nacht; im Vordergrund das Dach der Gemäldegalerie am Kulturforum, links die Philharmonie und rechts die Matthäikirche

Potsdamer Platz by night; in the foreground the roof of the Gemäldegalerie at the Kulturforum, on the left the Philharmonie and on the right the Matthäikirche

Potsdamer Platz de nuit ; à l'avant plan, le toit de la galerie de peinture du Kulturforum, à gauche la philharmonie et à droite l'église Matthäikirche

La Potsdamer Platz de noche; en el primer plano el tejado de la Galería de Pintura en el Foro de Cultura, a la izquierda la Filarmonía y a la derecha la Iglesia de San Mateo

Potsdamer Platz di notte; in primo piano il tetto della Gemäldegalerie (pinacoteca) al Kulturforum, a sinistra la Philharmonie e a destra la Matthäikirche (chiesa di San Matteo)

ポツダム広場の夜景：前方は文化フォーラムの絵画館の屋根、左にフィルハーモニー、右はマッテイ教会

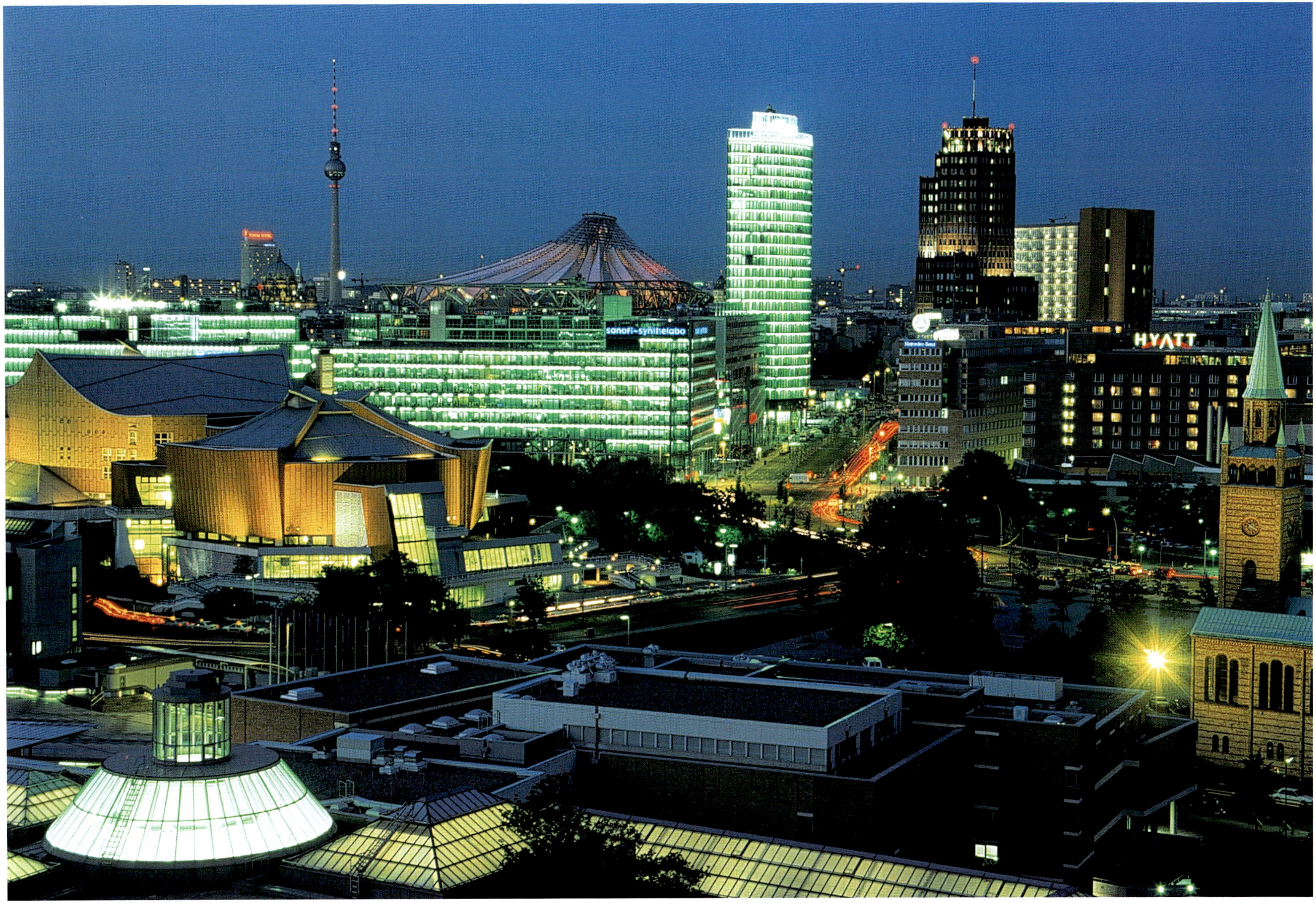
sanofi-synthelabo
HYATT

März 1988, Blick auf den Potsdamer Platz vom ehemaligen Bellevue-Tower an der Schellingstraße auf das Zentrum von Ostberlin. Vorn die Probestrecke der später nicht realisierten Magnetschwebebahn, dahinter die bemalte Mauer zur Westseite und die weiße Mauer zur Ostseite hin. Im Niemandsland das Areal des Leipziger Platzes

March 1988, a view of Potsdamer Platz, looking towards the centre of East Berlin, from the former Bellevue Tower in Schellingstrasse. In front the test track of the magnetic levitation railway, which was not further developed, and behind it the paintings on the Wall on the western side and the white side of the Wall facing east. The area of Leipziger Platz is situated in no-man's-land

Mars 1998, vue sur le centre de Berlin-est depuis l'ex tour Bellevue de la rue Schelling. Au premier plan, le parcours d'essai d'un métro aérien à sustentation magnétique qui ne fut jamais réalisé, situé derrière, la part ouest du mur de Berlin couverte de peintures, puis la partie est de couleur blanche. Entre les deux, dans le no man's land, l'emplacement de la Leipziger Platz

Marzo de 1988, vista de la Potsdamer Platz en dirección al centro de Berlín Oriental desde la antigua torre Bellevue de la calle Schelling. En primer plano el tramo de prueba del tren de suspensión magnética, que no llegó a desarrollarse, detrás el muro pintado hacia el lado occidental y el muro blanco hacia el lado oriental. En tierra de nadie, el área de la Leipziger Platz

Marzo 1988, veduta di Potsdamer Platz dalla ex Bellevue-Tower situata nella Schellingstrasse verso il centro di Berlino est. In primo piano il percorso di prova della ferrovia a sospensione magnetica poi non realizzata, dietro il Muro coperto di murales sul versante ovest e il Muro bianco verso la parte est della città. In mezzo, nella terra di nessuno, l'area di Leipziger Platz

1988年3月、シェリング通りのかつてのベルヴュータワーから望んだ東ベルリンの中心、ポツダム広場。手前は実現しなかったマグネットモノレールのテスト区間、その後ろに西側は絵が描かれ、東側は白のままの壁。人気（ひとけ）のないかつてのライプツィヒ広場。

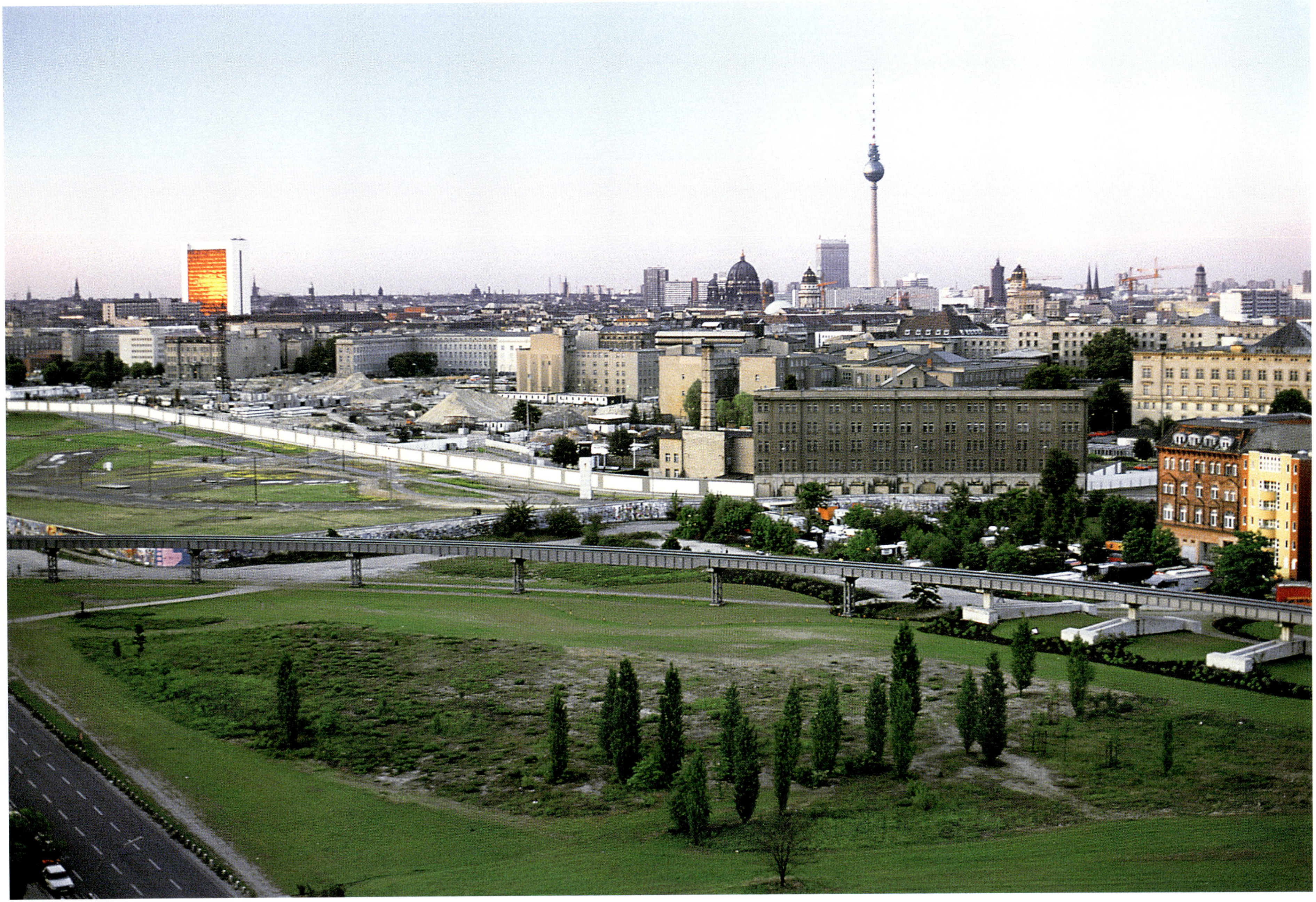

März 1994, U-Bahn-Ausgang Potsdamer Platz. Im Hintergrund links der
Reichstag und das Brandenburger Tor.

March 1994, the underground exit at Potsdamer Platz. In the background,
to the left, the Reichstag building and Brandenburg Gate

Mars 1994, sortie de métro de la station Potsdamer Platz. En arrière plan,
à gauche, le Reichstag et la porte de Brandebourg

Marzo de 1994, salida del metro de Potsdamer Platz. En un segundo plano,
a la izquierda, el Reichstag y la Puerta de Brandeburgo

Marzo 1994, l'uscita della metropolitana a Potsdamer Platz. Sullo sfondo
a sinistra il Reichstag e la Porta di Brandeburgo

1994年3月、地下鉄駅ポツダム広場の出口。左後方に帝国議会とブランデンブルク
門が見える。

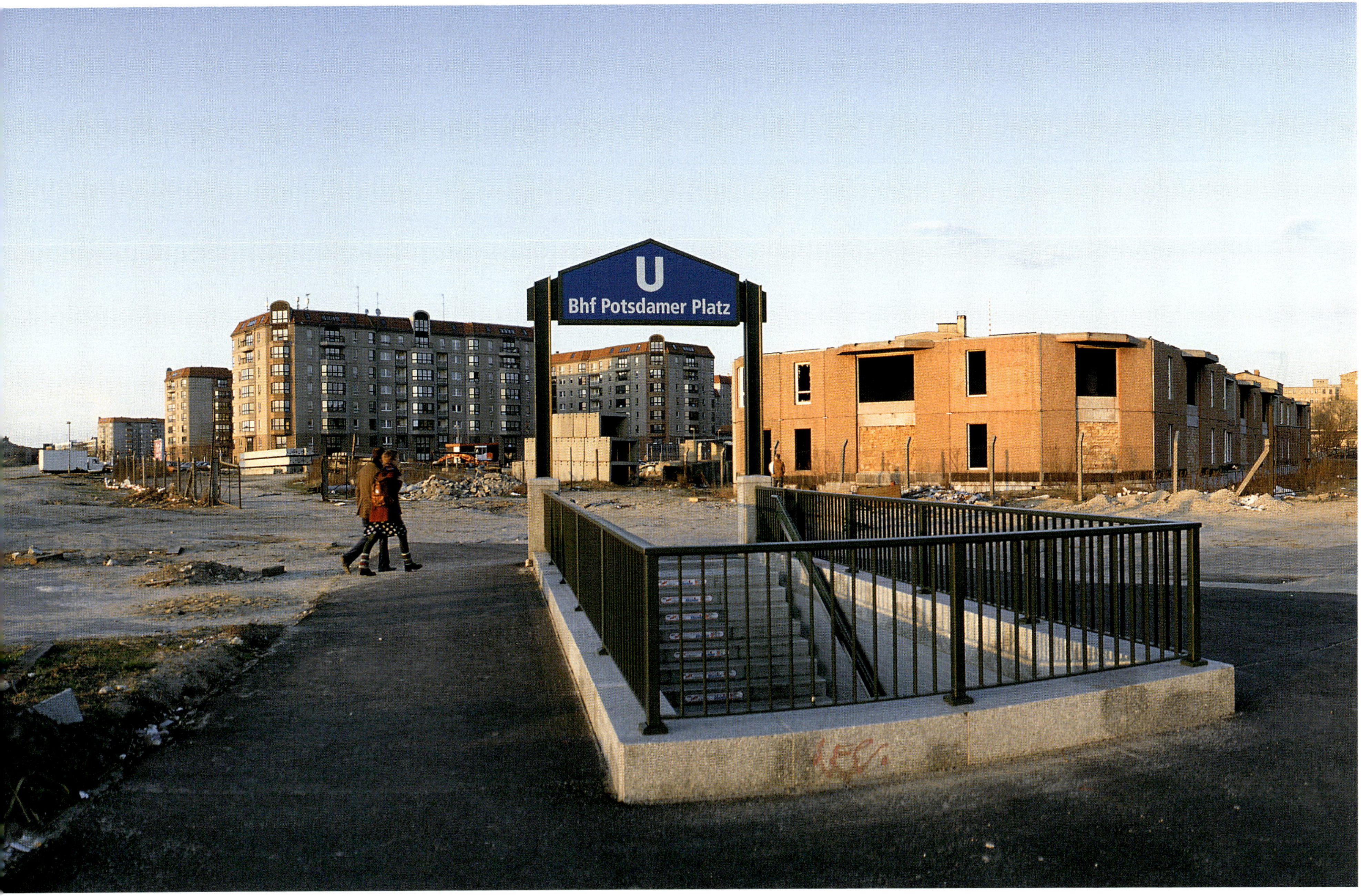
U
Bhf Potsdamer Platz

Eingang zum Bahnhof Potsdamer Platz

Entrance to the Potsdamer Platz railway station

Entrée de la gare de la Potsdamer Platz

Acceso a la estación de Potsdamer Platz

Ingresso della stazione di Potsdamer Bahnhof

地下鉄ポツダム広場入り口

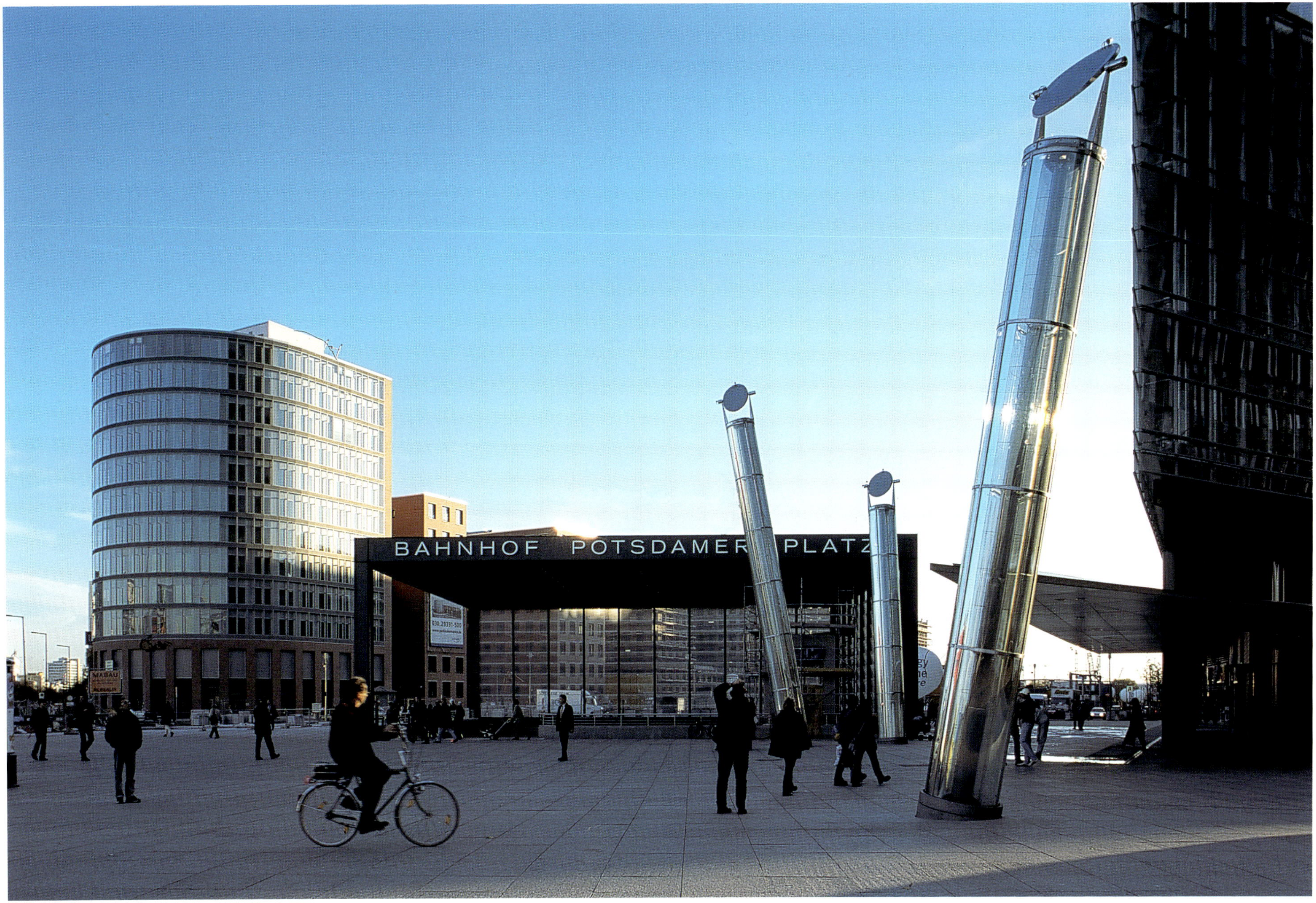
BAHNHOF POTSDAMER PLATZ

Eingang zum U-Bahnhof Potsdamer Platz

Entrance to the Potsdamer Platz underground station

Entrée du métro de la Potsdamer Platz

Acceso a la estación de metro de Potsdamer Platz

Ingresso della stazione della metropolitana di Potsdamer Platz

地下鉄ポツダム広場入り口

U Bhf Potsdamer Platz

Das ursprüngliche Areal des Potsdamer Platzes mit einer Kopie des alten Verkehrsturms, links eine Lichtsäule, die den unterirdischen Bahnhof mit Tageslicht versorgt

The original area of Potsdamer Platz with a copy of the old traffic tower, on the right a lighting column which supplies daylight to the underground railway station

Terrain d'origine de la Potsdamer Platz et une copie de l'ancienne tour de circulation. A gauche, une colonne de lumière apportant à la gare souterraine la lumière du jour.

El área original de la Potsdamer Platz con una copia de la vieja torre de tráfico, a la izquierda una columna lumínica que abastece de luz diurna la estación subterránea

L'area originaria di Potsdamer Platz con una copia della vecchia torretta semaforo, a sinistra una colonna luminosa che fa penetrare la luce del giorno nella stazione sotterranea

かつてのポツダム広場と昔のままにコピーした信号塔。左は地下駅への明かり取り

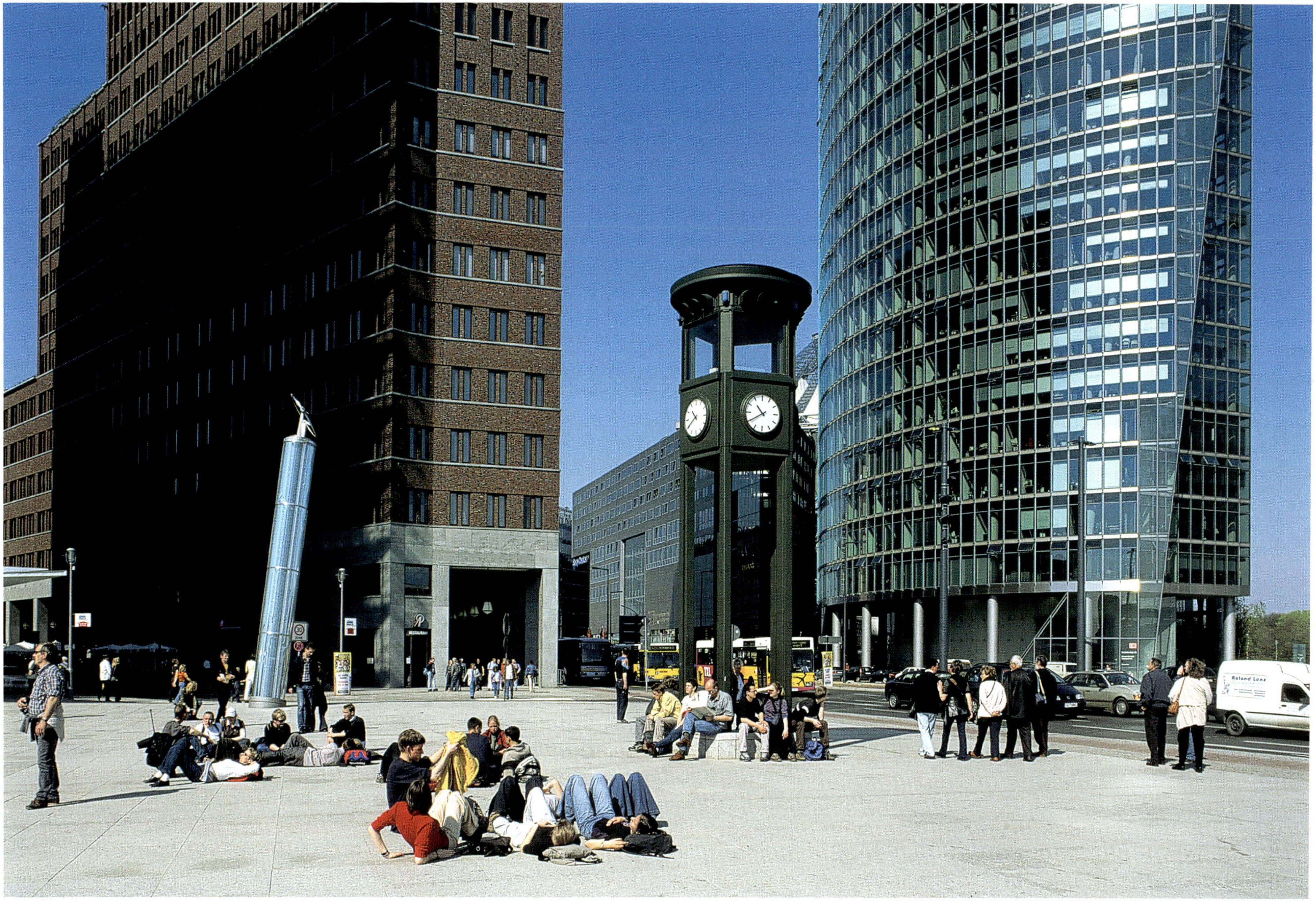
Roland Lenz

29. September 2000, Aufstellung eines Nachbaus des 1924 in Betrieb genommenen Verkehrsturms an seinem ursprünglichen Ort

29 September 2000, reconstruction in its original location of the traffic tower, first put into operation in 1924

29 septembre 2000, remise en place en son lieu d'origine d'une réplique de la tour de circulation mise en fonction en 1924

29 de septiembre de 2000, instalación en su lugar original de una reconstrucción de la torre de tráfico emplazada por primera vez en 1924

29 septtembre 2000, installazione nel luogo originario di una ricostruzione della torretta semaforo entrata in servizio nel 1924

2000年9月29日、1924年に使われ始めた信号塔のコピーがかつての地に再び建った

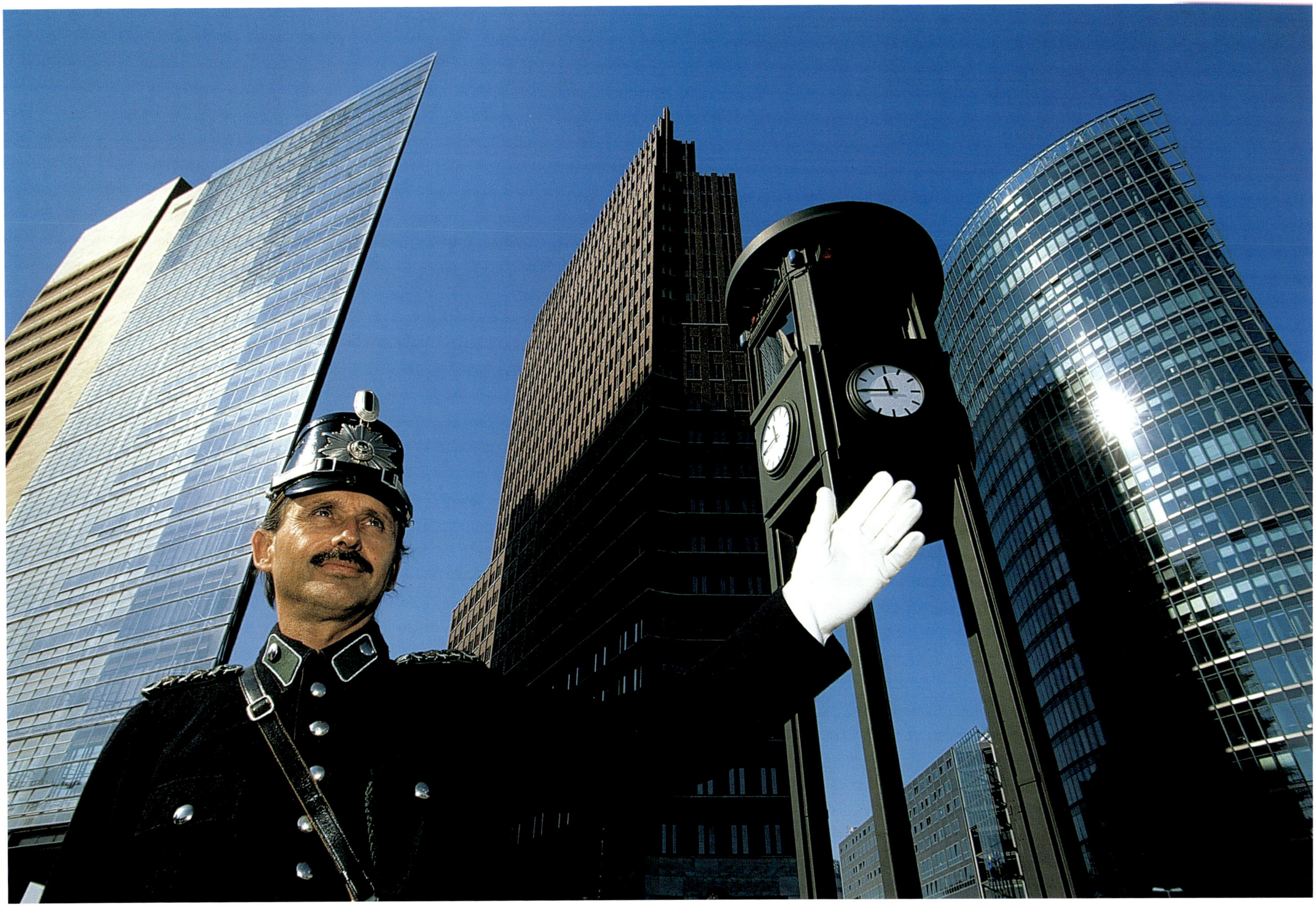

Blick von der Leipziger Straße auf die drei Torbauten am Potsdamer Platz

View from the Leipziger Strasse of the three gate buildings at Potsdamer Platz

Vue depuis la Leipziger Straße sur les trois tours de la Potsdamer Platz

Vista de las tres torres de la Potsdamer Platz desde la Leipziger Straße

Veduta da Leipziger Strasse verso i tre palazzi a forma di portale a Potsdamer Platz

ライプツィヒ通りよりポツダム広場の三本の塔を望む

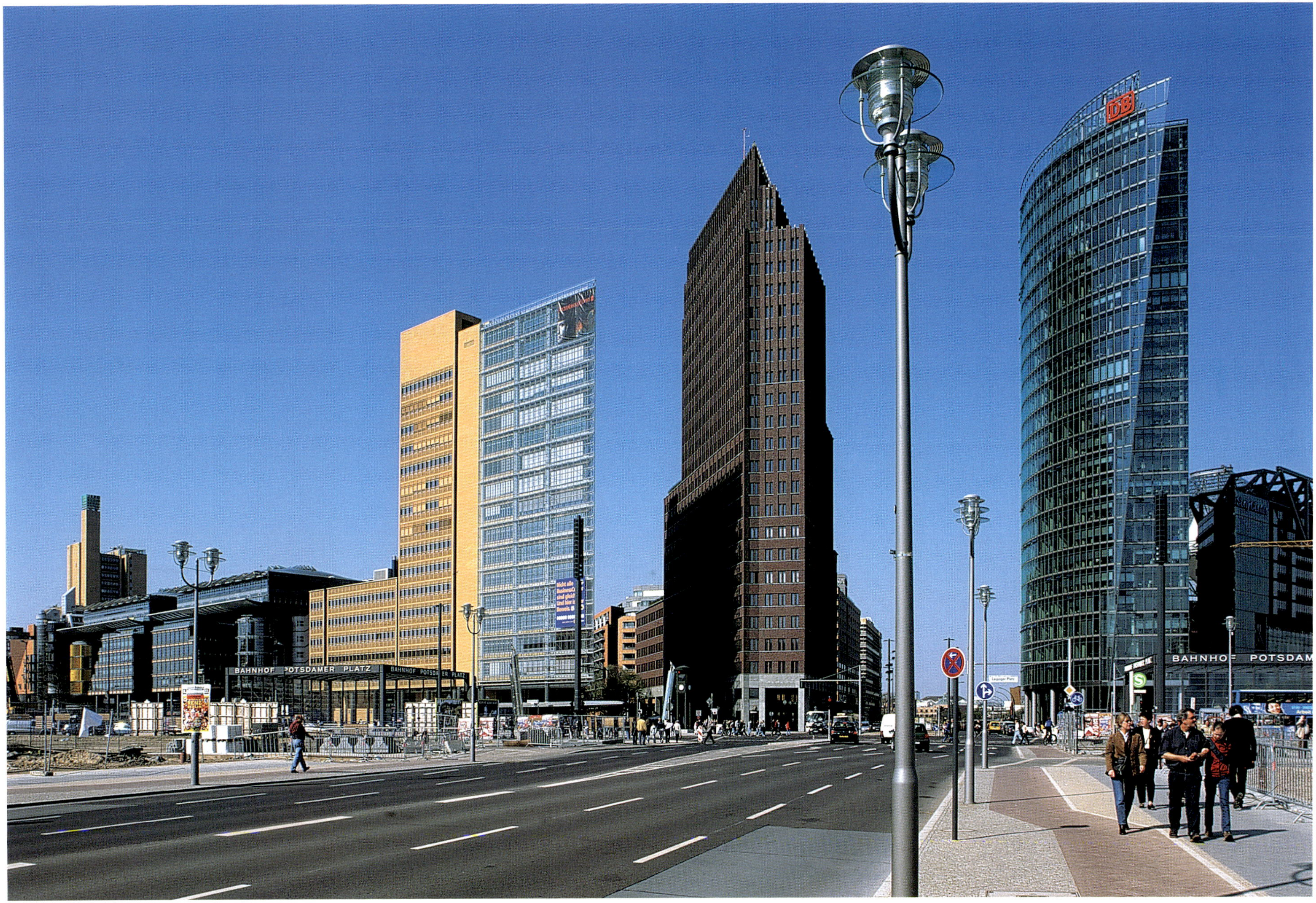
BAHNHOF POTSDAMER PLATZ
BAHNHOF POTSDAM

August 1997, Blick von der Info-Box, vorn links: debis-Hochhaus, Weinhaus Huth und das Hotel Esplanade

August 1997, a view from the Info-Box, from the left: the debis-high-rise, Weinhaus Huth and Hotel Esplanade

Août 1997, vue depuis l'Info-Box, de gauche à droite, l'immeuble de debis, la Weinhaus Huth et l'Hôtel Esplanade

Agosto de 1997, vista desde la Info-Box, por la izquierda: el edificio debis, la Weinhaus Huth y el Hotel Esplanade

Agosto 1997, veduta dalla Info-Box, da sinistra: il grattacielo debis, la Weinhaus Huth e l'Hotel Esplanade

1997年8月、インフォボックスよりの眺め、前方左から：デビスビル、ワインの店フート、ホテル・エスプラナード

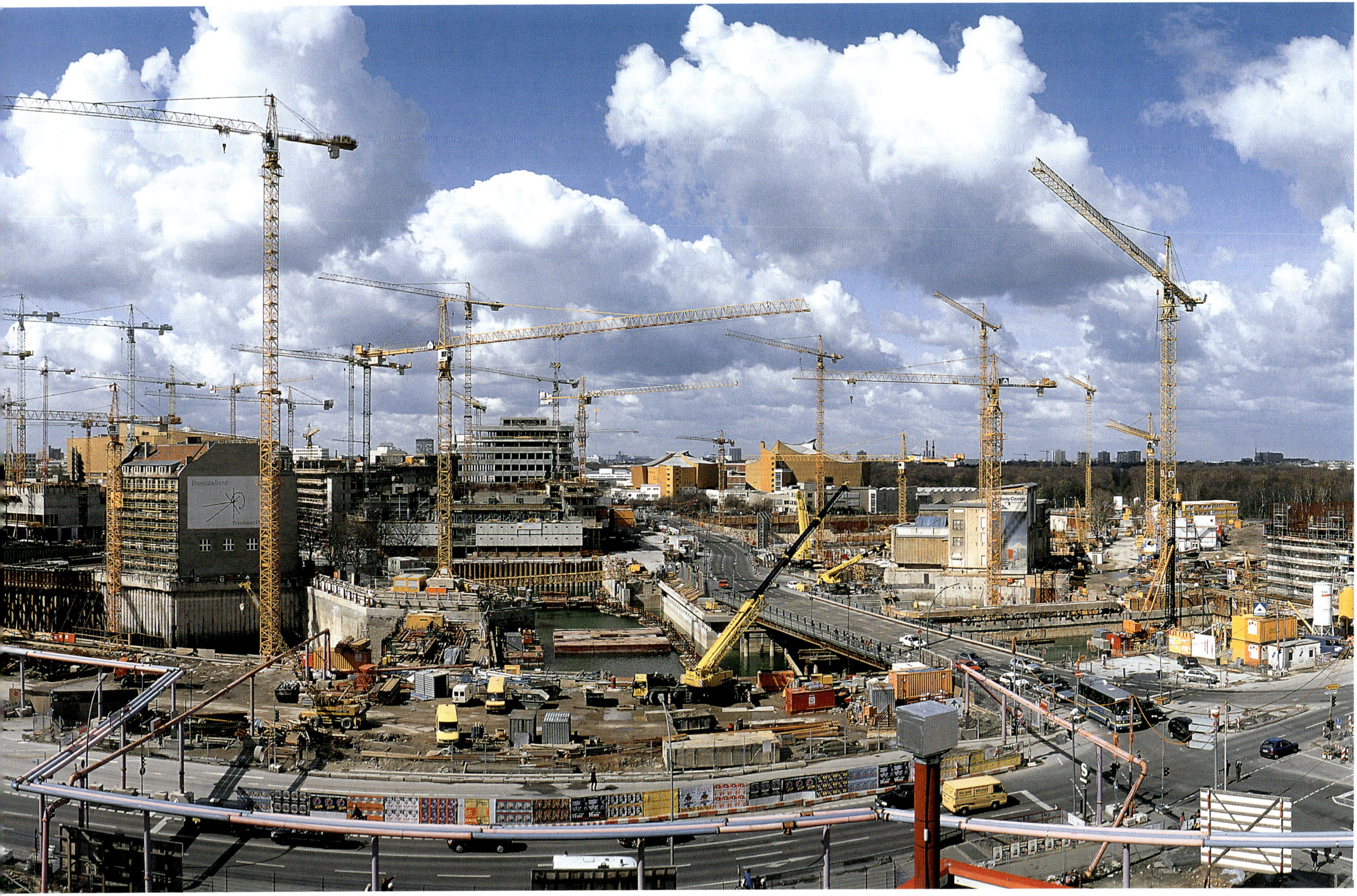

21. Stockwerk des Sony-Turms

21st floor of the Sony Tower

21ème étage de la tour Sony

Piso 21° de la torre Sony

Al 21° piano della torre Sony

ソニービルの塔

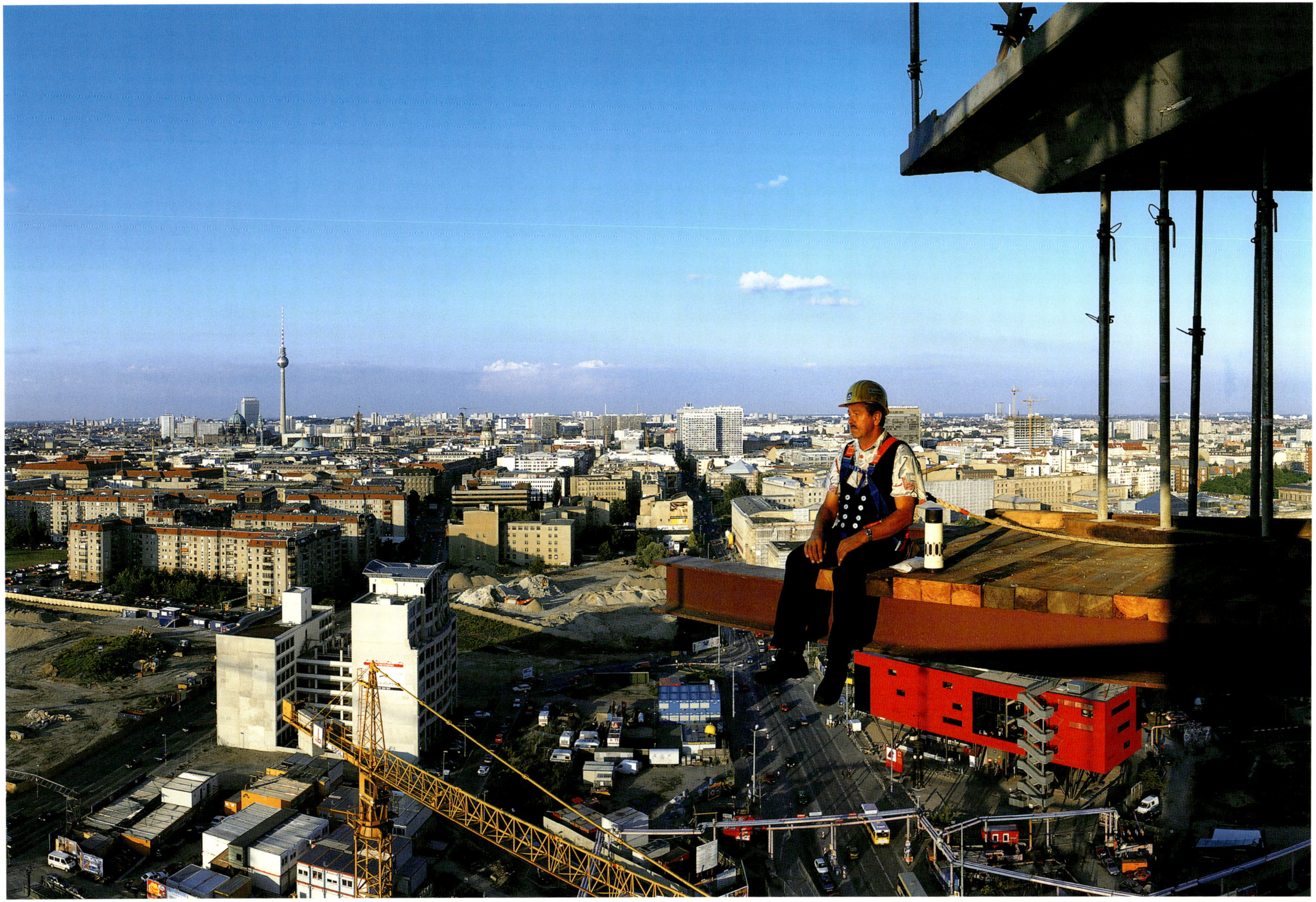

September 1996, Baugrube der Sony-Baustelle: im Hintergrund das Weinhaus Huth, rechts die debis-Zentrale

September 1996, the building pit of Sony building site: in the background Weinhaus Huth, on the right the debis headquarters

Septembre 1996, fosse de construction du chantier de Sony; en arrière plan, la Weinhaus Huth à gauche et le bâtiment de debis à droite

Septiembre de 1996, fosa de las obras del edificio Sony; en segundo plano la Weinhaus Huth, a la derecha la central de debis

Settembre 1996, lo scavo del cantiere Sony: sullo sfondo la Weinhaus Huth, a destra la sede centrale della debis

1996年9月、ソニービル建築現場：後方にワインの店フート、右にデビスセンター

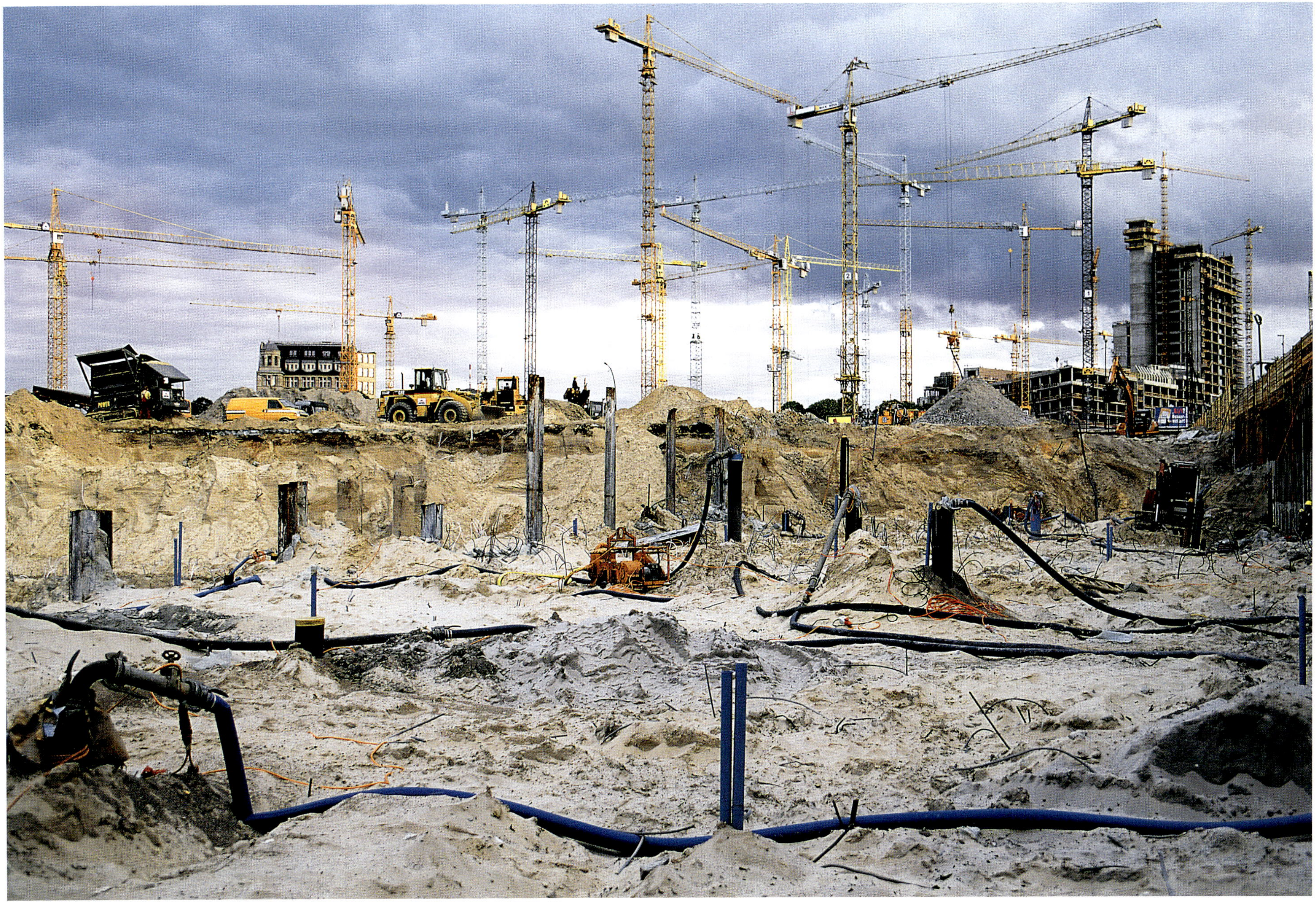

April 1997, die Quadriga auf dem Brandenburger Tor vor den Kränen der Baustellen am Potsdamer Platz

April 1997, the quadriga on Brandenburg Gate in front of the cranes on the building sites at Potsdamer Platz

Avril 1997, le quadrige de la porte de Brandebourg devant les grues des chantiers de la Potsdamer Platz

Abril de 1997, la cuadriga de la Puerta de Brandeburgo ante las grúas de las obras de la Potsdamer Platz

Aprile 1997, la quadriga della porta di Brandeburgo davanti alle gru dei cantieri di Potsdamer Platz

1997年4月、ブランデンブルク門上の四頭立て二輪馬車、後方に工事中のポツダム広場のクレーンが見える

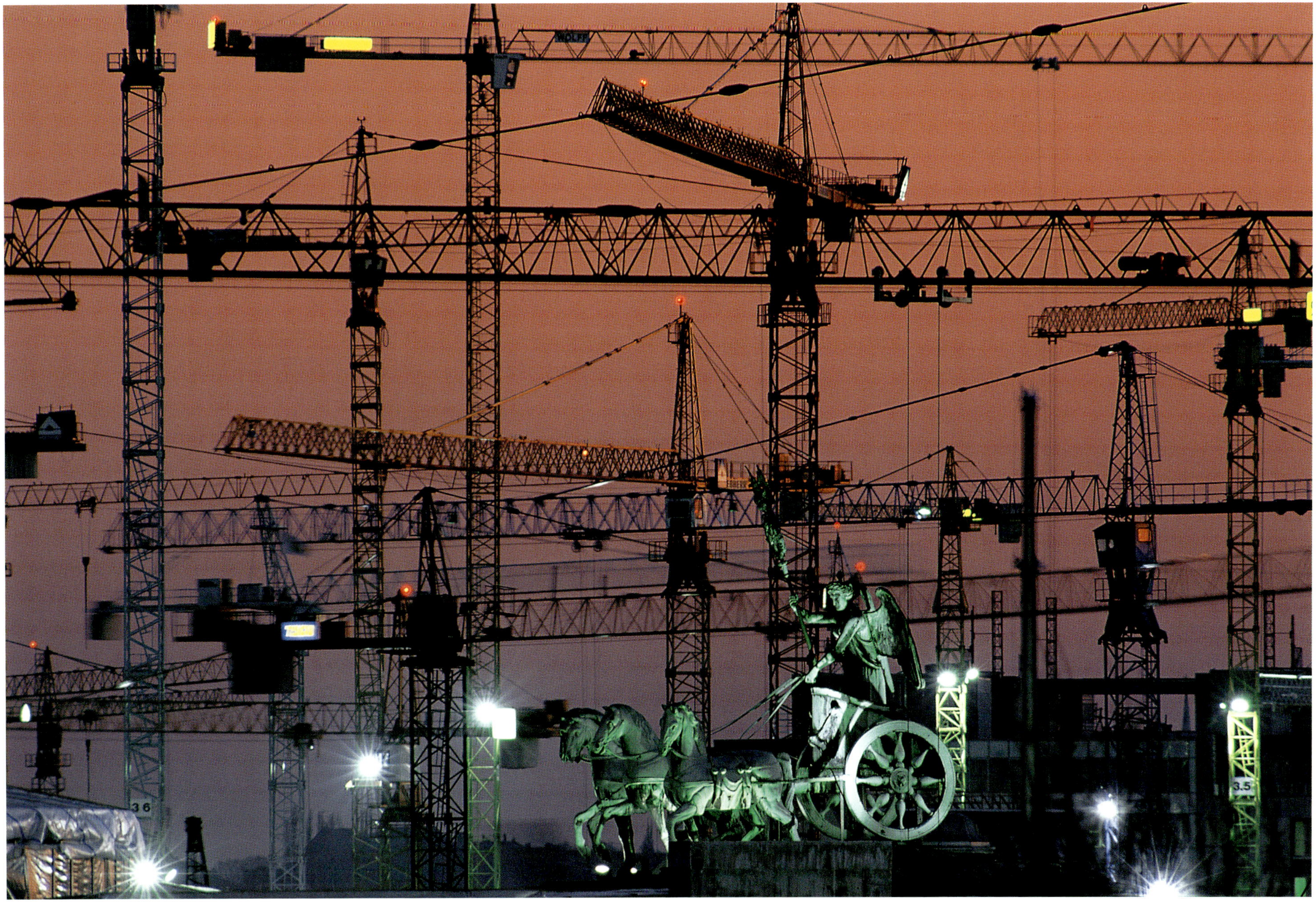
WOLFF
36
3.5

Februar 1996, Daimler-Benz-Baustelle: der Grundwassersee

February 1996, the Daimler-Benz building site: the ground-water lake

Février 1996, le lac créé par la nappe phréatique sur le chantier de Daimler-Benz

Febrero de 1996, obras del edificio Daimler-Benz: el lago creado por las aguas freáticas

Febbraio 1996, il lago di acqua di falda creatosi nel cantiere della Daimler-Benz

1996年2月、ダイムラー・ベンツビルの工事現場:地下水でできた池

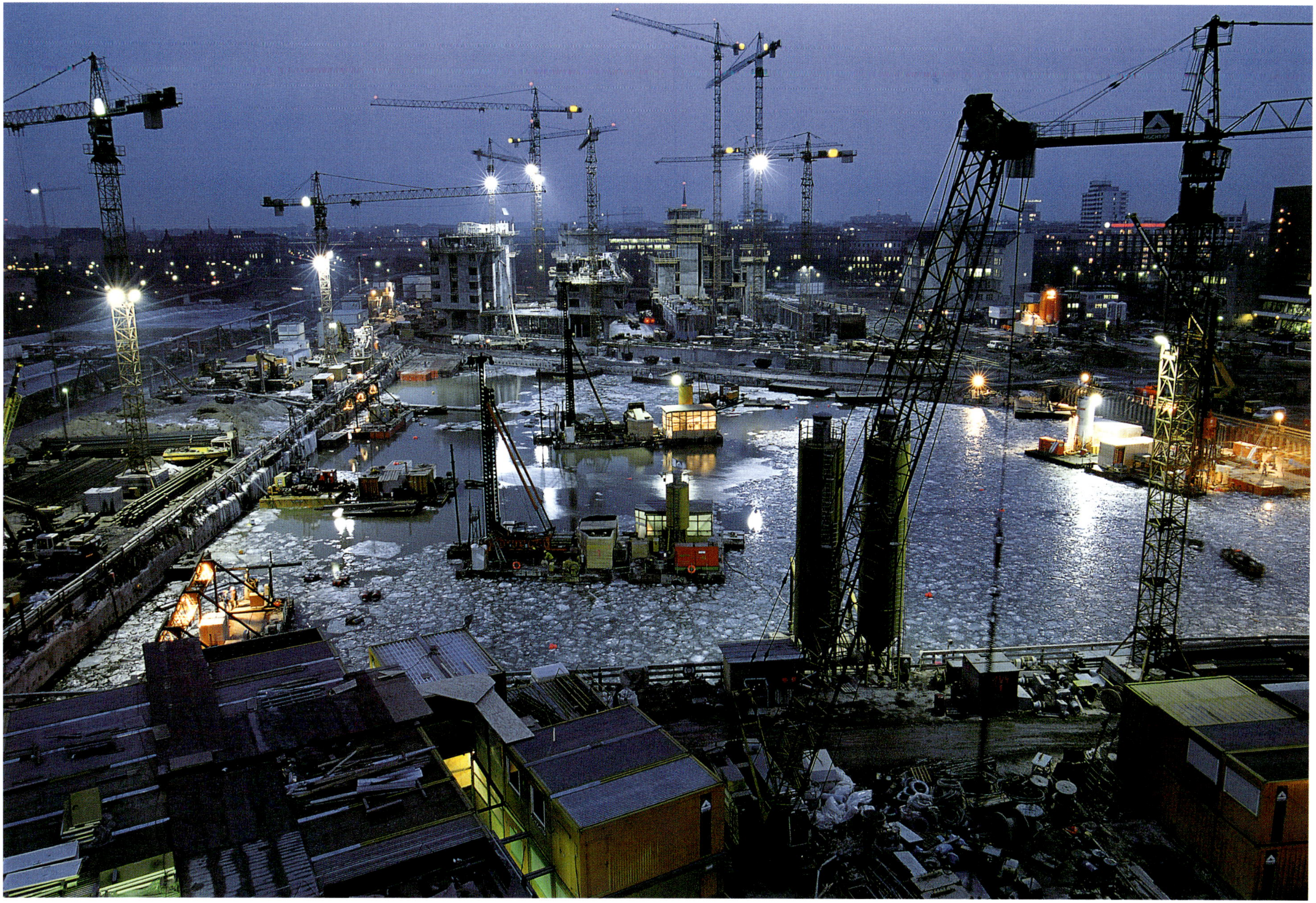

Februar 1996, Daimler-Benz-Baustelle: Taucher überwachen das Betongießen im Grundwassersee

February 1996, the Daimler-Benz building site: divers observe the pouring of concrete into the ground water lake

Février 1996, chantier de Daimler-Benz : des plongeurs surveillent le bétonnage sous l'eau de la nappe phréatique

Febrero de 1996, obras del edificio Daimler-Benz: submarinistas supervisan el vertido de hormigón en el lago de aguas freáticas

Febbraio 1996, cantiere della Daimler-Benz: sommozzatori sorvegliano i lavori di getto del calcestruzzo nel lago di acqua freatica

1996年2月、ダイムラー・ベンツビルの工事現場：地下水でできた池に潜りコンクリートの流し込みを監視する潜水夫

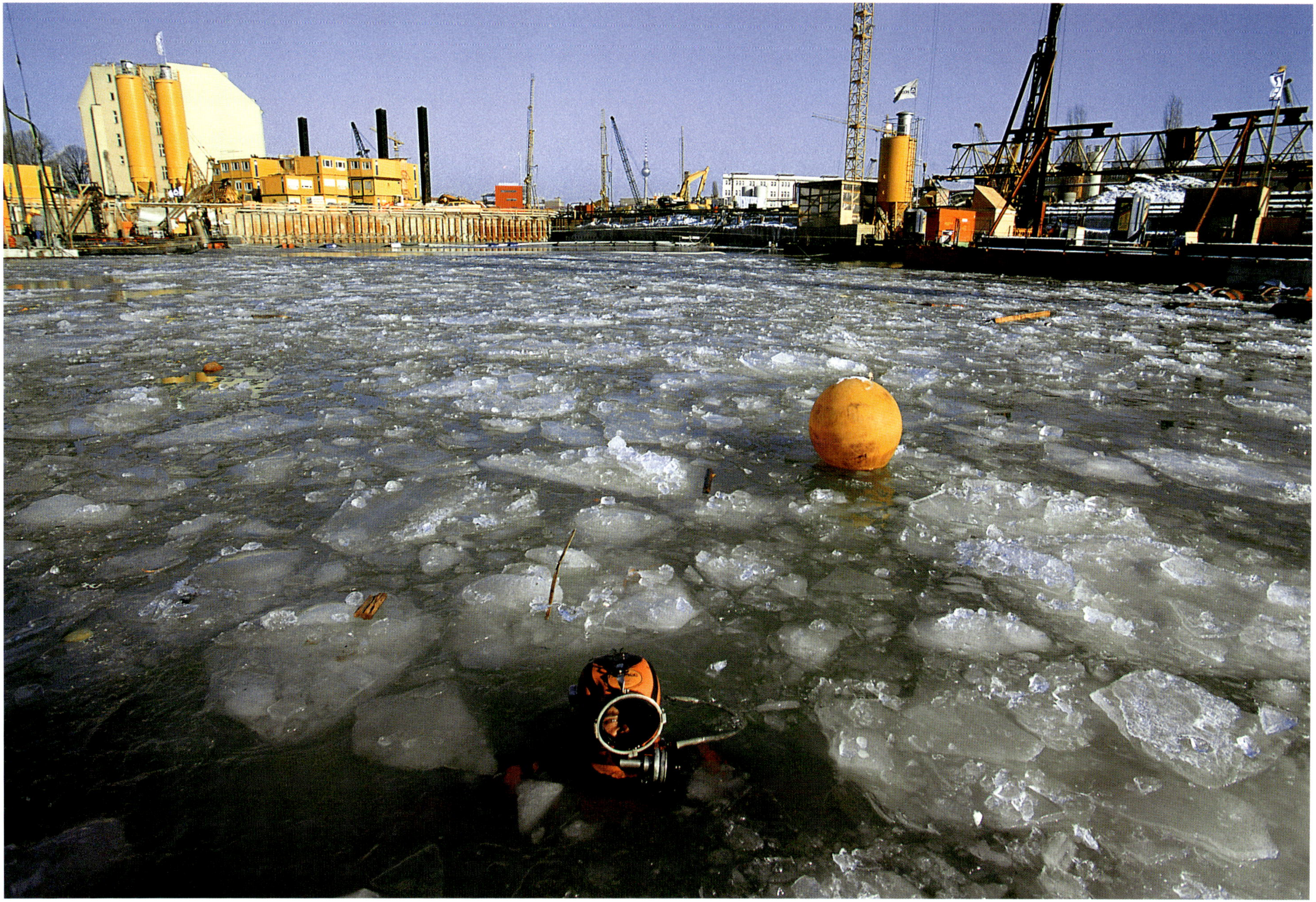

Juli 1999, Bergsteiger bei Arbeiten am Dach über dem Forum des Sony Center

July 1999, mountaineers working on the roof above the Forum of the Sony Center

Juillet 1999, alpinistes travaillant au montage du toit au-dessus du forum de Sony Center

Julio de 1999, escaladores trabajando en el tejado sobre el foro del Sony Center

Luglio 1999, alcuni scalatori eseguono lavori sul tetto del forum del Sony Center

1999年7月、ソニーセンターフォーラムの屋根で仕事中の登山家達

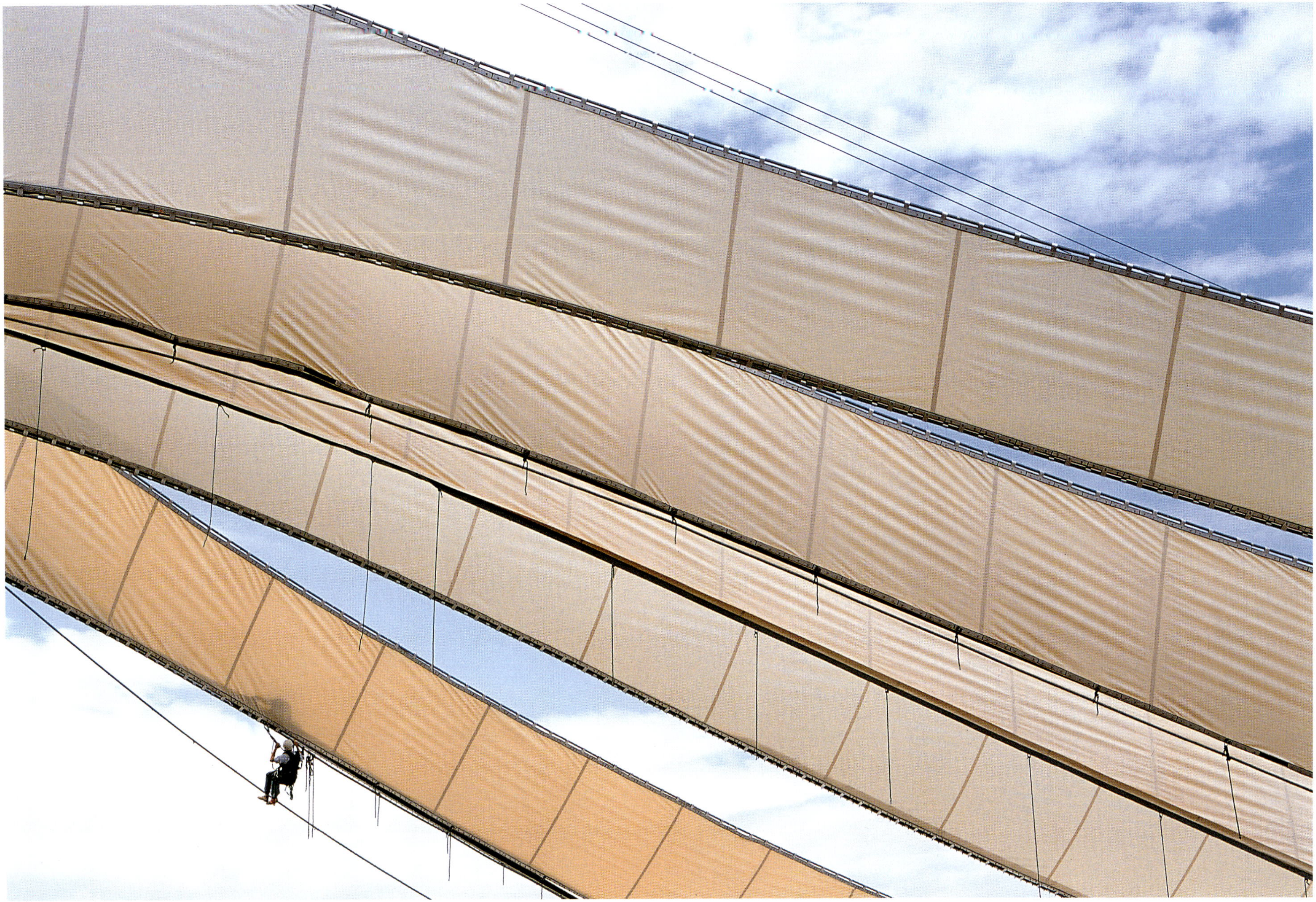

Januar 2000, das fertige Schirmdach über dem Forum des Sony Center

January 2000, the finished "Marquee roof" on the Forum of the Sony Center

Janvier 2000, le toit surplombant le forum du Sony Center

Enero de 2000, el tejado-carpa acabado sobre el foro del Sony Center

Gennaio 2000, il tetto-ombrello sovrastante il forum del Sony Center

2000年1月、出来上がったソニーセンターフォーラムの丸屋根

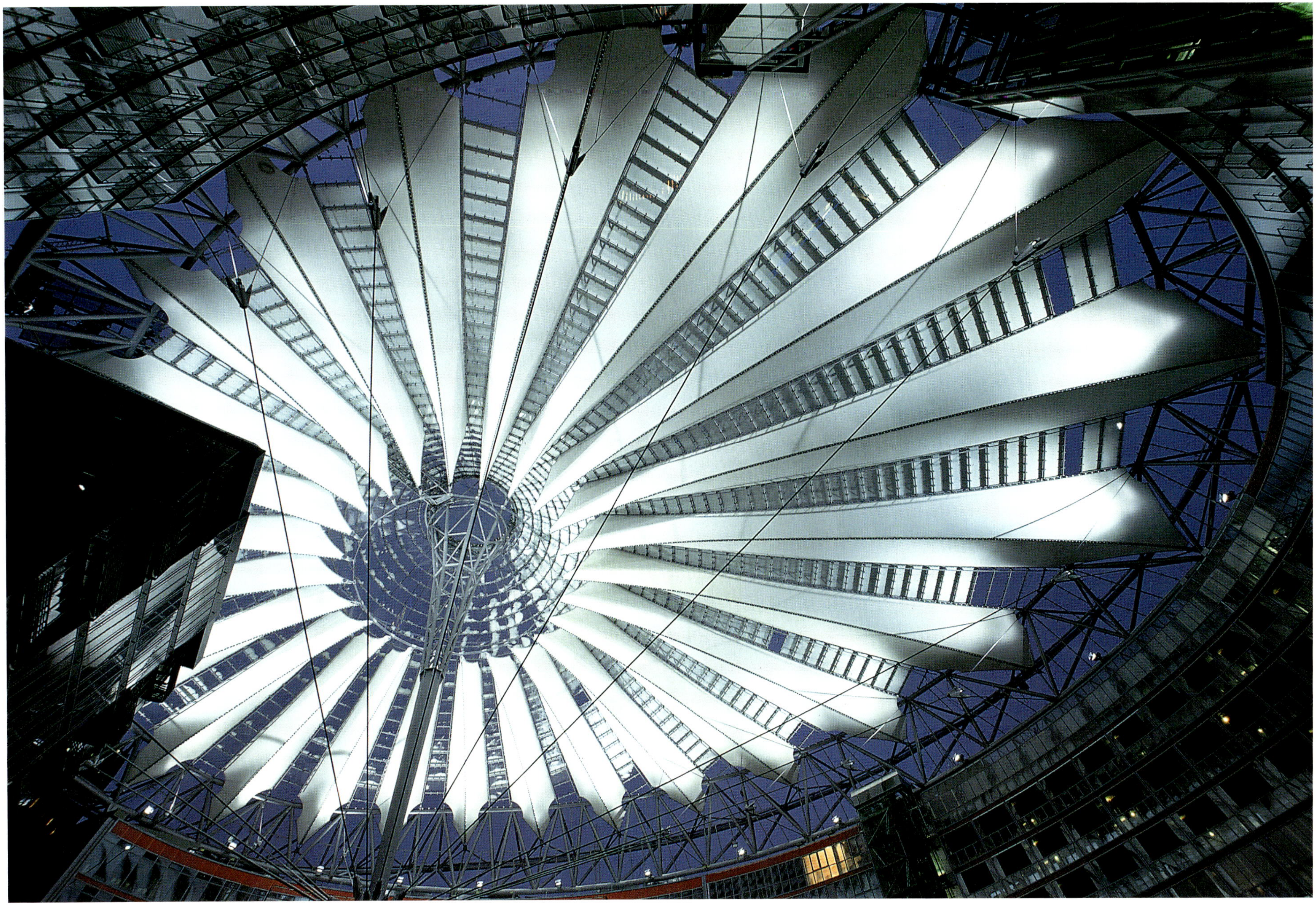

27 August 2001, ISTAF-Stabhochsprung-Meeting der Frauen im Forum des Sony Center

27 August 2001, ISTAF women's pole-vaulting competition in the Forum of the Sony Center

27 août 2001, ISTAF-Meeting du saut à la perche féminin au forum du Sony Center

27 de agosto de 2001, exhibición de saltos de pértiga en el foro del Sony Center

27 agosto 2001, meeting di salto con l'asta femminile ISTAF nel forum del Sony Center

2000年8月27日、ソニーセンターのフォーラムで催されたITAF女子棒高跳びミーティング

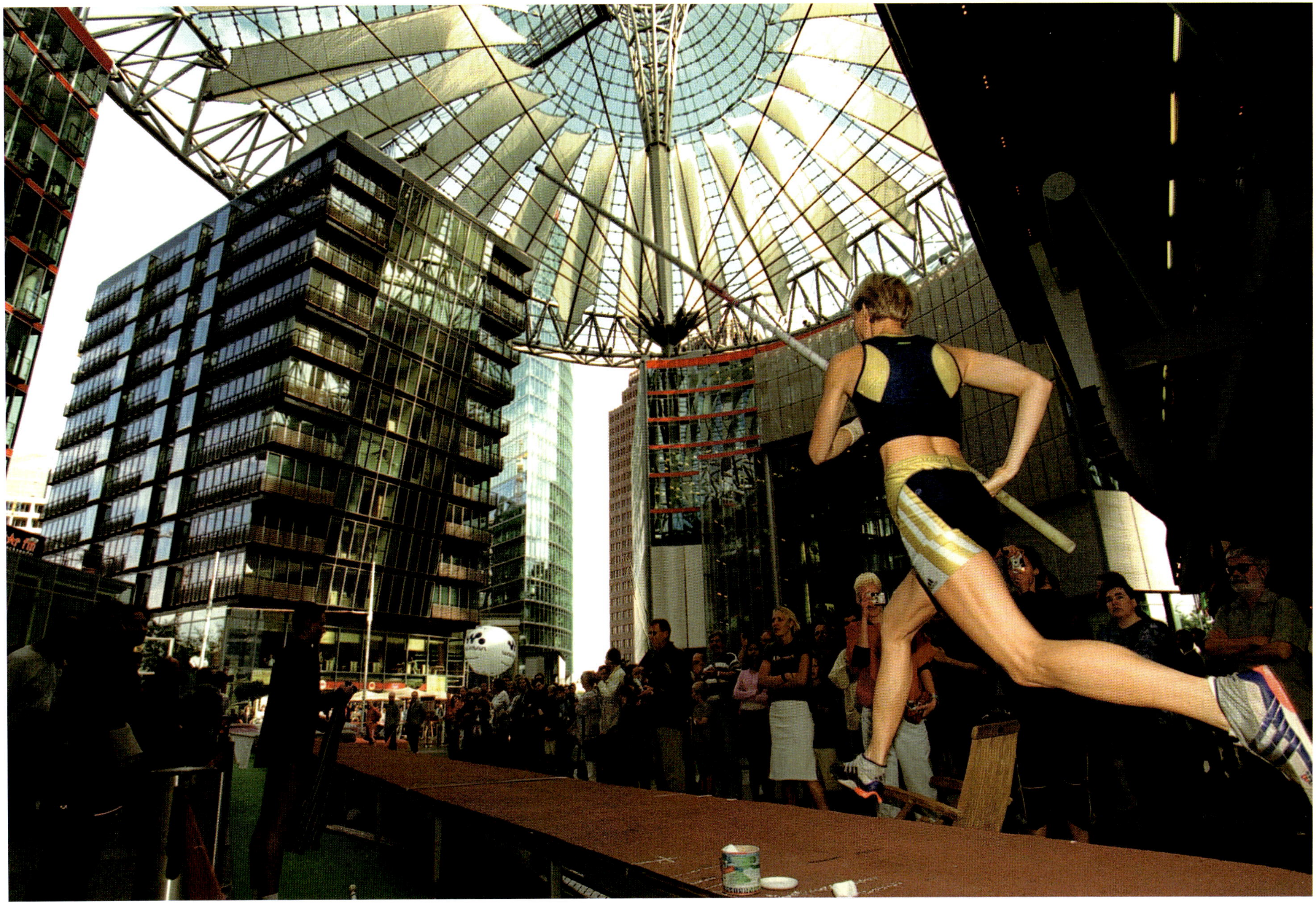

Sommer 2002, Live-Übertragung eines Spiels der Fußballweltmeisterschaft im
Forum des Sony Center

Summer 2002, live transmission of a world championship football match in the
Forum of the Sony Center

Eté 2002, diffusion en live d'un match de la coupe du monde de football au
forum du Sony Center

Verano de 2002, emisión en directo de un juego de los Mundiales de Fútbol
en el foro del Sony Center

Estate 2002, trasmissione dal vivo di una partita dei campionati mondiali di
calcio nel forum del Sony Center

2002年夏、ソニーセンターのフォーラムでライブ放映されたワールドカップの模様

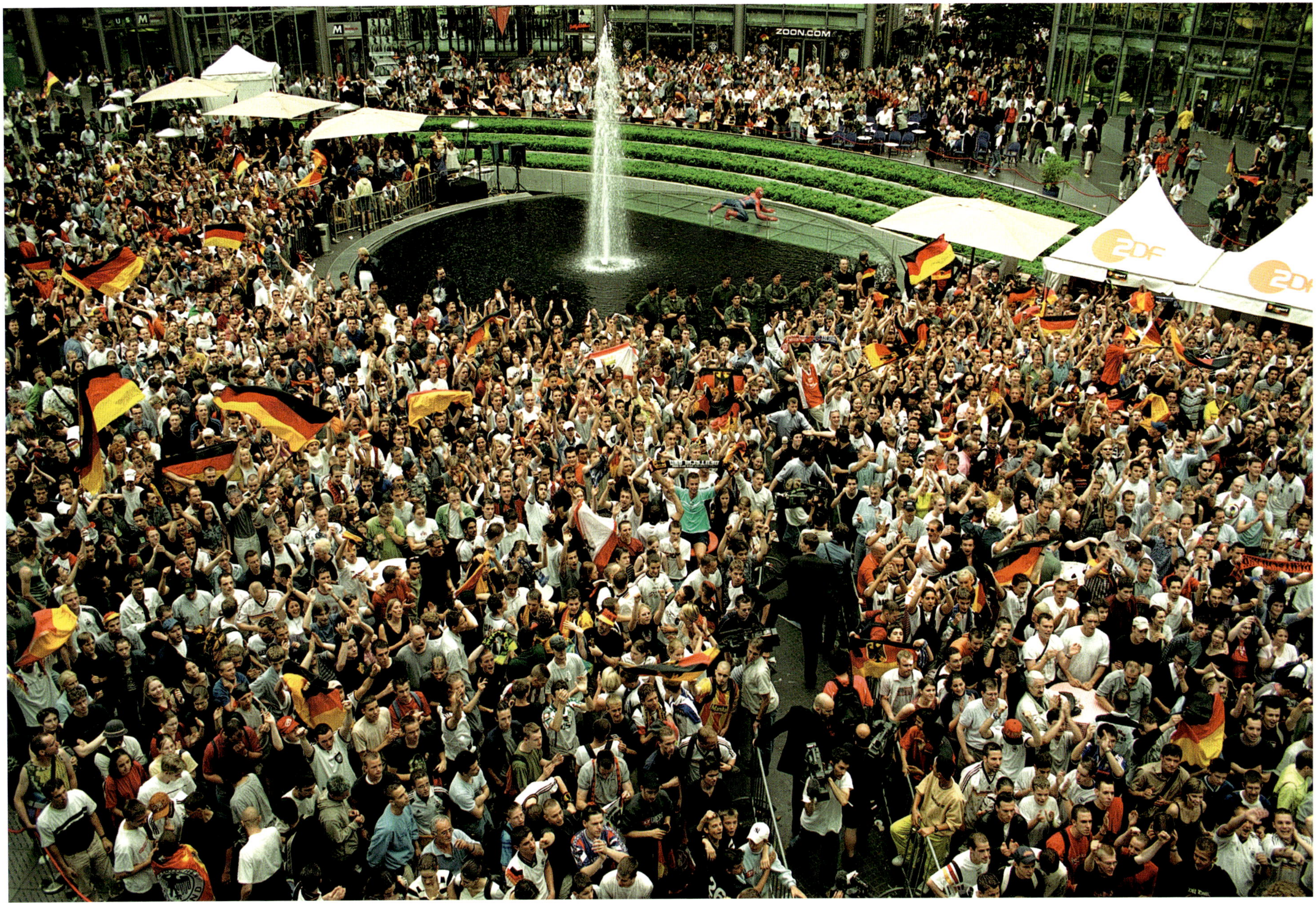
ZOON.COM
ZDF
ZDF

Weihnachten 2001, »Tree lighting« im Forum des Sony Center

Christmas 2001, "tree lighting" in the Forum of the Sony Center

Noël 2001, « Tree lighting » dans le forum du Sony Center

Navidades de 2001, »Iluminación del árbol« en el foro del Sony Center

Natale 2001, le luci dell'albero di natale nel forum del Sony Center

2001年のクリスマスのイルミネーション、ソニーセンターフォーラム

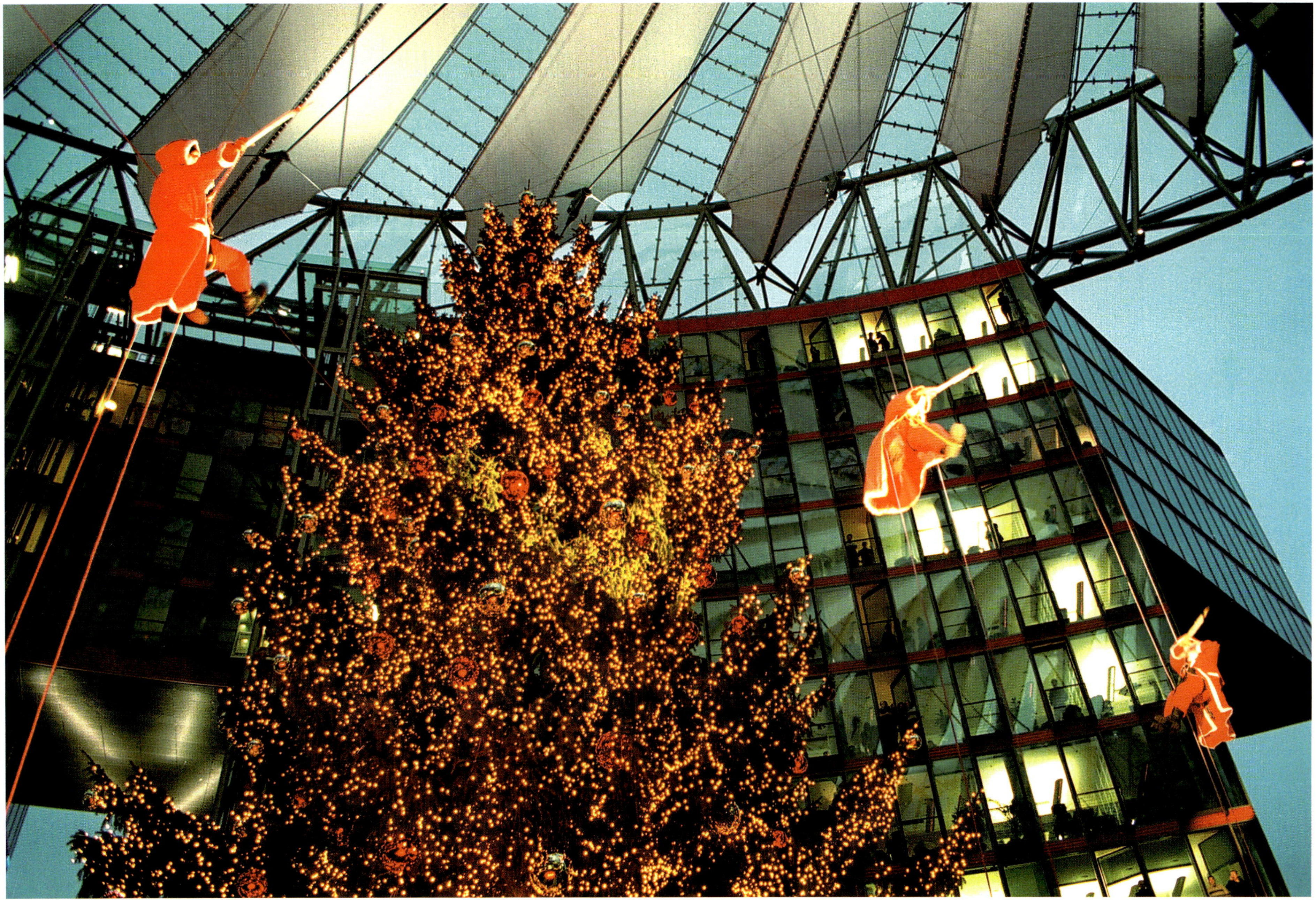

Blick von der Panorama-Aussichtsplattform des Kollhoff-Gebäudes auf das Sony Center und den Bahn-Tower (im Hintergrund die Philharmonie und der Tiergarten)

View from the panoramic viewing platform of the Kollhoff building over the Sony Center and the Deutsche Bahn tower (in the background, the Philharmonie and the Tiergarten)

Vue, depuis la plate-forme panorama du bâtiment Kollhoff, sur le Sony Center et la tour de la société des chemins de fer (à l'arrière plan, la philharmonie et le Tiergarten)

Vista desde la plataforma panorámica del edificio Kollhoff sobre el Sony Center y la torre del edificio de los Ferrocarriles alemanes (en segundo plano la Filarmonía y el Tiergarten)

Veduta dalla piattaforma panoramica della torre di Kollhoff sul Sony Center e sul grattacielo della Deutsche Bahn (sullo sfondo la Philharmonie e il parco Tiergarten)

コルホフビルのパノラマ展望場よりソニーセンターとバーンタワー(後方にフィルハーモニーと動物園)を望む

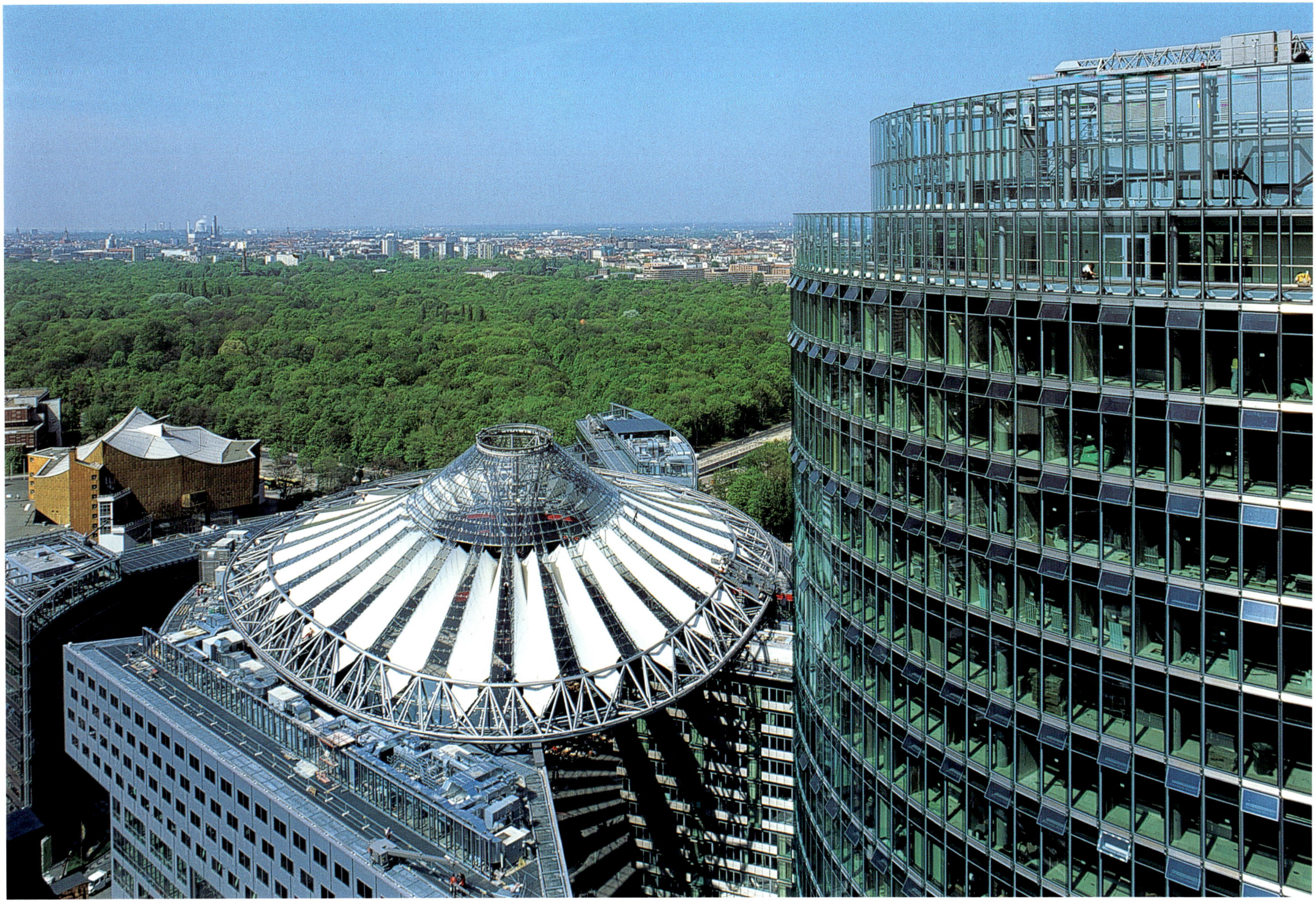

Oktober 1999, Sony-Europazentrale: Bergsteiger reinigen die Fassade des
»Skygarden«. Im Hintergrund der Reichstag

October 1999, Sony European Headquarters: mountaineers cleaning the
façade of the "Skygarden". The Reichstag building can be seen in the background

Octobre 1999, bâtiment Sony-Europe : des alpinistes nettoient la paroi de
verre du « Skygarden ». En arrière plan, le Reichstag

Octubre de 1999, central europea de Sony: escaladores limpian la fachada del
»Skygarden«. En el fondo el Reichstag

Ottobre 1999, sede europea della Sony: scalatori puliscono la facciata dello
»skygarden«. Sullo sfondo il Reichstag

1999年10月、ソニーヨーロッパセンター：登山家による「スカイガーデン」のファサードのクリーンアップ。後方は帝国議会

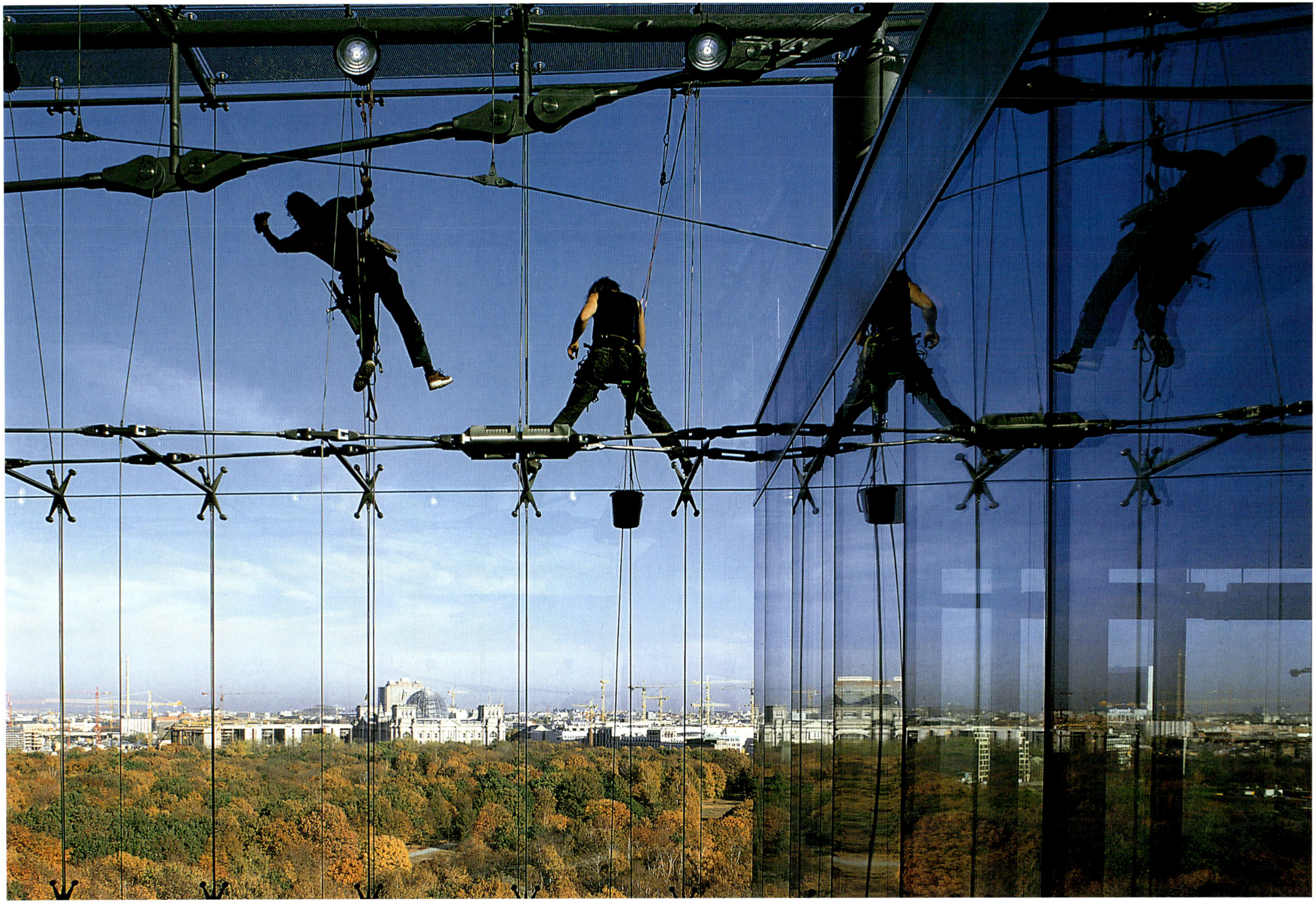

Oktober 1999, Spiegelungen in der Fassade der Sony-Europazentrale, Architekt: Helmut Jahn

October 1999, reflections in the façade of the Sony European Headquarters, architect: Helmut Jahn

Octobre 1999, réflextions dans la façade du bâtiment de Sony-Europe ; architecte : Helmut Jahn

Octubre de 1999, reflejos en la fachada de la central europea de Sony, arquitecto: Helmut Jahn

Ottobre 1999, riflessi sulla facciata della sede europea della Sony, dell'architetto Helmut Jahn

1999年10月、ソニーヨーロッパセンターのファサードに写る景色、建築家：ヘルムート・ヤーン

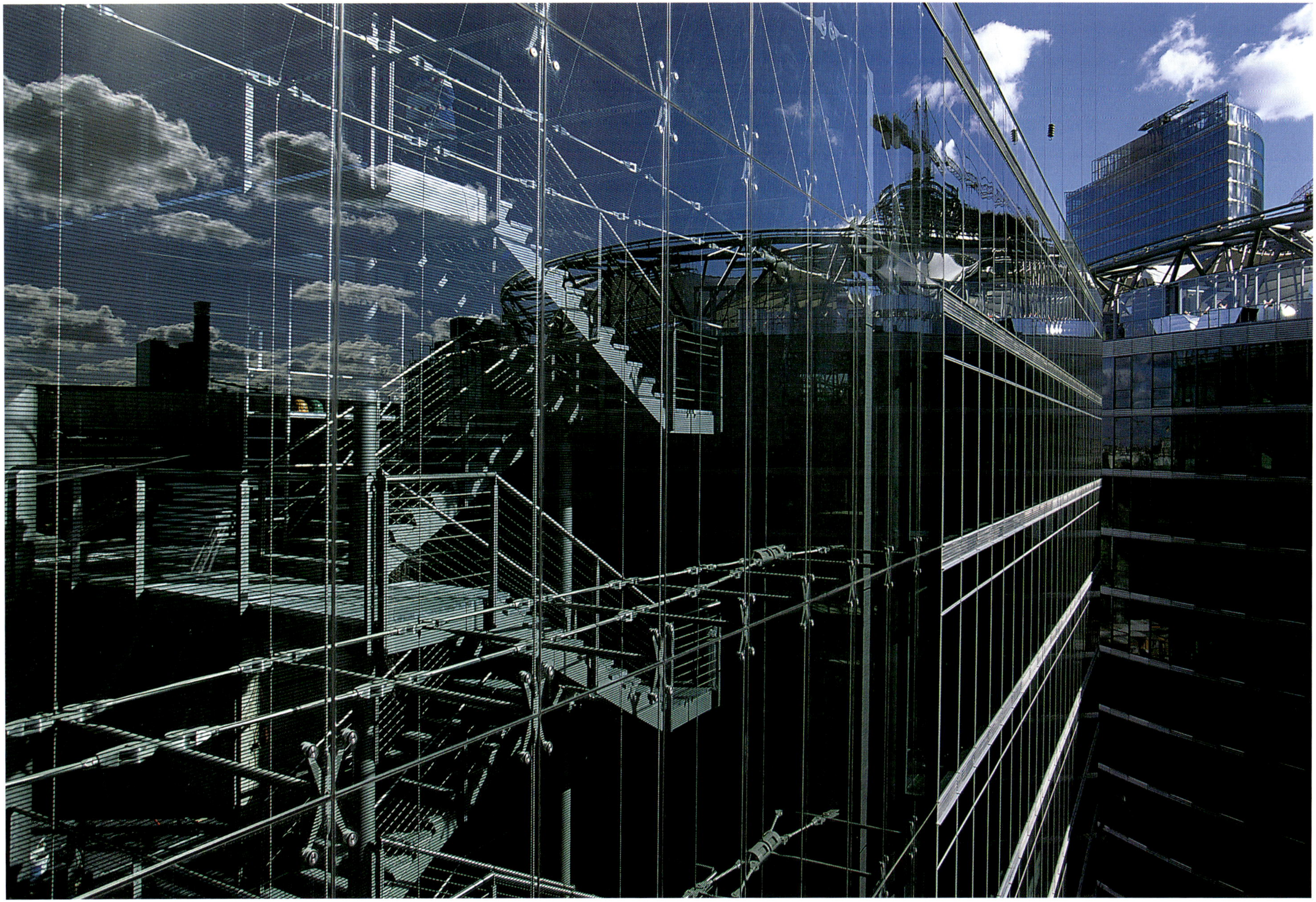

Juli 1999, Blick auf das DaimlerChrysler-Areal vom 24. Stock des Sony-Turms

July 1999, view of the DaimlerChrysler complex from the 24th storey of the Sony tower

Juillet 1999, vue sur le quartier DaimlerChrysler depuis le 24ème étage de la tour Sony

Julio de 1999, vista del área Daimler-Chrysler desde el piso 24º de la torre Sony

Luglio 1999, veduta del complesso DaimlerChrysler dal 24º piano della torre Sony

1999年7月、ソニービルの24階からダイムラー・クライスラー広場を望む

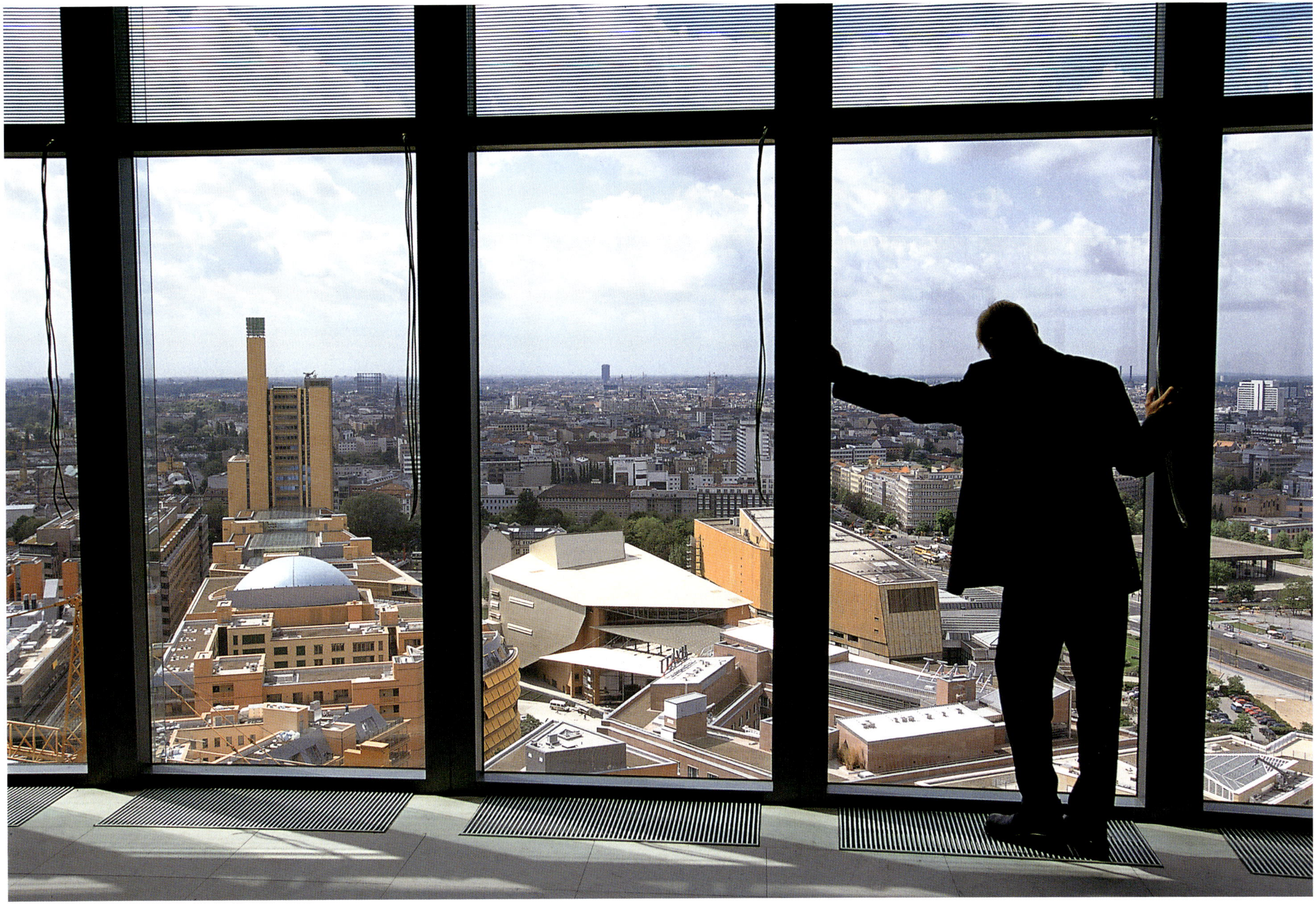

Blick aus einer Wohnung der »Esplanade-Residence« auf den Klinkerbau von Hans Kollhoff

View from an apartment in the "Esplanade-Residence" of the clinker-brick building by Hans Kollhoff

Vue depuis une habitation de l'Esplanade-Residence sur le bâtiment en clinker de Hans Kollhoff

Vista del edificio de ladrillos de Hans Kollhoff desde una ventana de la »Residencia Esplanade«

Veduta da uno degli appartamenti della »Esplanade-Residence« verso il palazzo in clinker di Hans Kollhoff

「エスプラナード・レジデンス」から見たハンス・コルホフのタイル建築

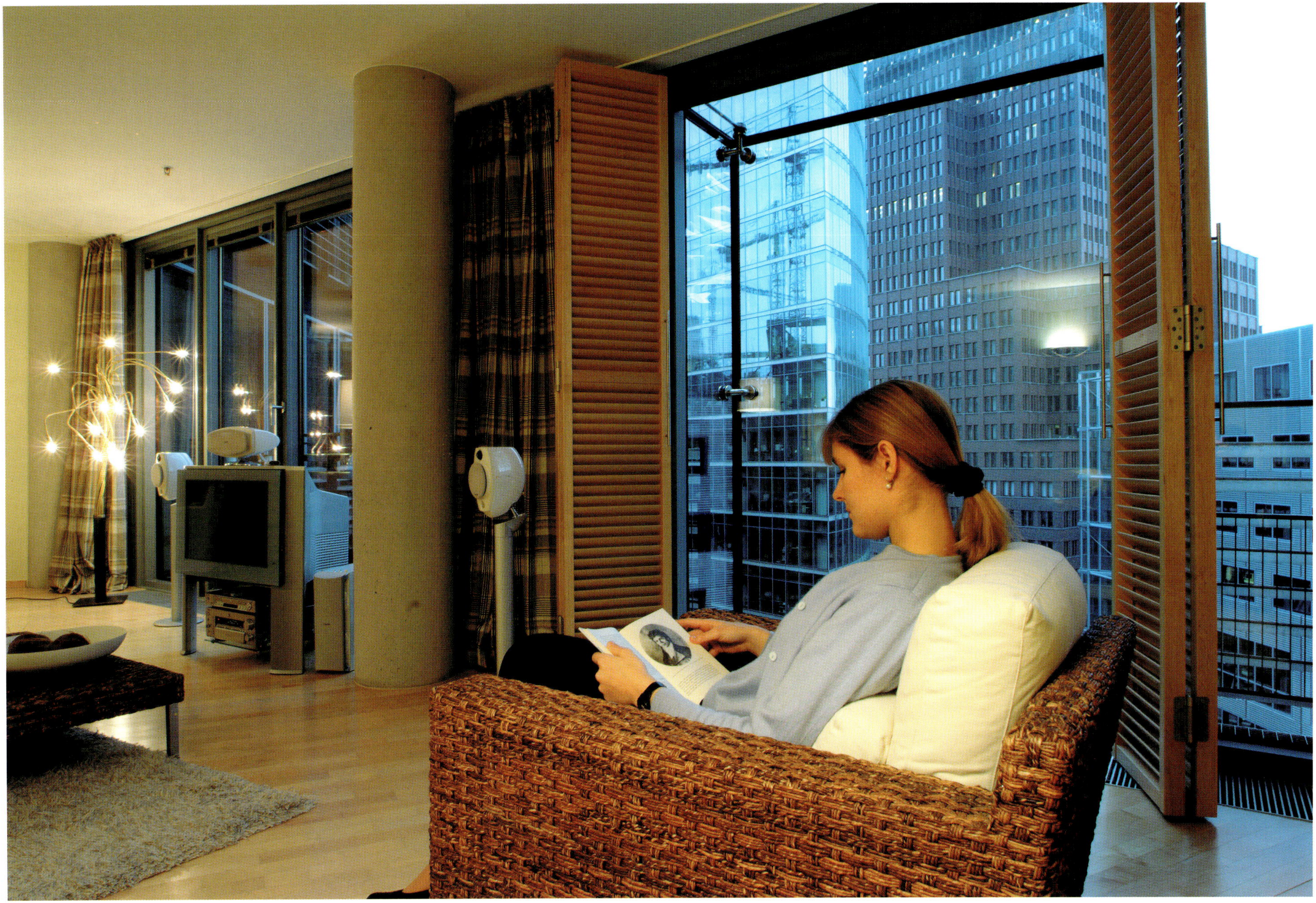

Eine der so genannten Hängenden Wohnungen (»Esplanade-Residence«) über dem ehemaligen Hotel Esplanade im Sony Center

One of the so-called "hanging apartments" ("Esplanade-Residence") above the former Hotel Esplanade in the Sony Center

Une des habitations dites « suspendues » (« Esplanade-Residence ») au-dessus de l'ancien Hôtel Esplanade dans le Sony Center

Una de las llamadas viviendas colgantes (»Residencia Esplanade«) sobre el antiguo Hotel Esplanade en el Sony Center

Uno dei cosiddetti appartamenti pensili (»Esplanade-Residence«) sopra l'ex Hotel Esplanade al Sony Center

ソニーセンターにある、かつてのエスプラナードホテル上の「空中マンション」（エスプラナード・レジデンス）

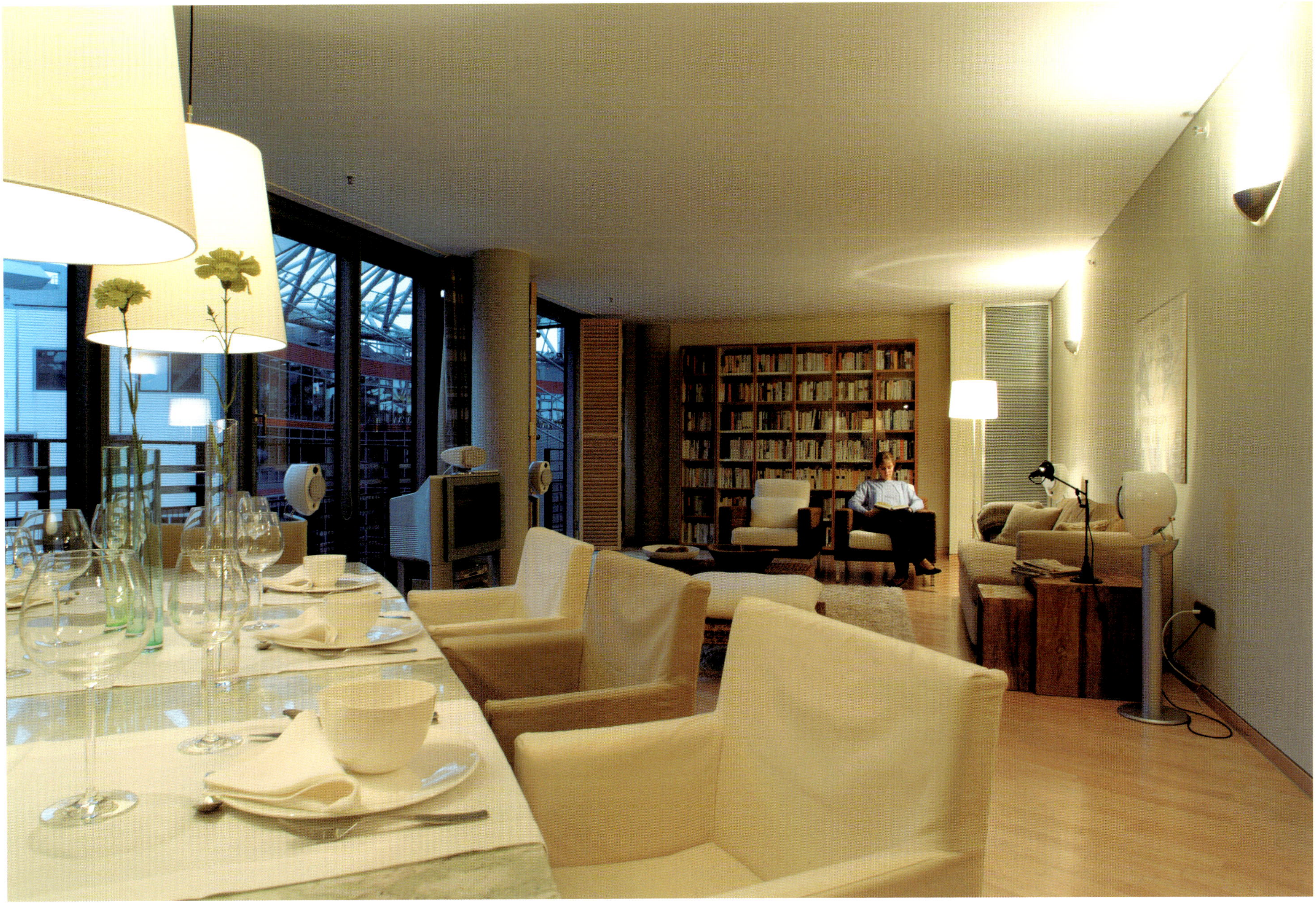

Filmmuseum im Sony Center (Marlene-Dietrich-Saal)

Film museum in the Sony Center (Marlene Dietrich room)

Musée du film dans le Sony Center (salle Marlene Dietrich)

Museo del Cine en el Sony Center (Sala Marlene Dietrich)

Il museo del cinema nel Sony Center (Marlene-Dietrich-Saal)

ソニーセンターの映画博物館(マルレーネ・ディートリヒホール)

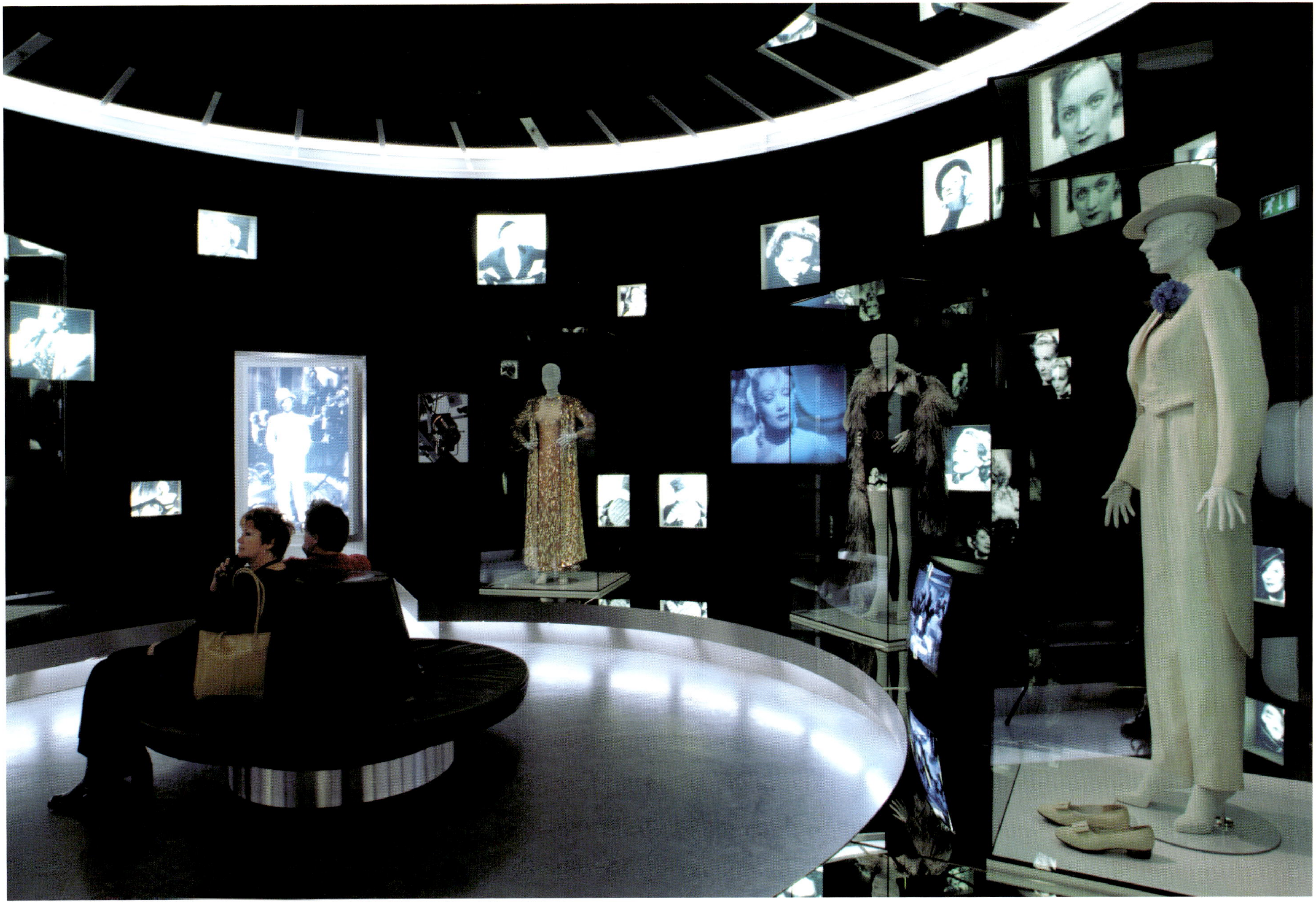

Spiegelkabinett im Filmmuseum

Hall of mirrors in the film museum

Le « cabinet des miroirs » du Musée du film

Gabinete de espejos en el Museo del Cine

Gabinetto degli specchi al Museo del cinema

ソニーセンターの鏡のキャビネット

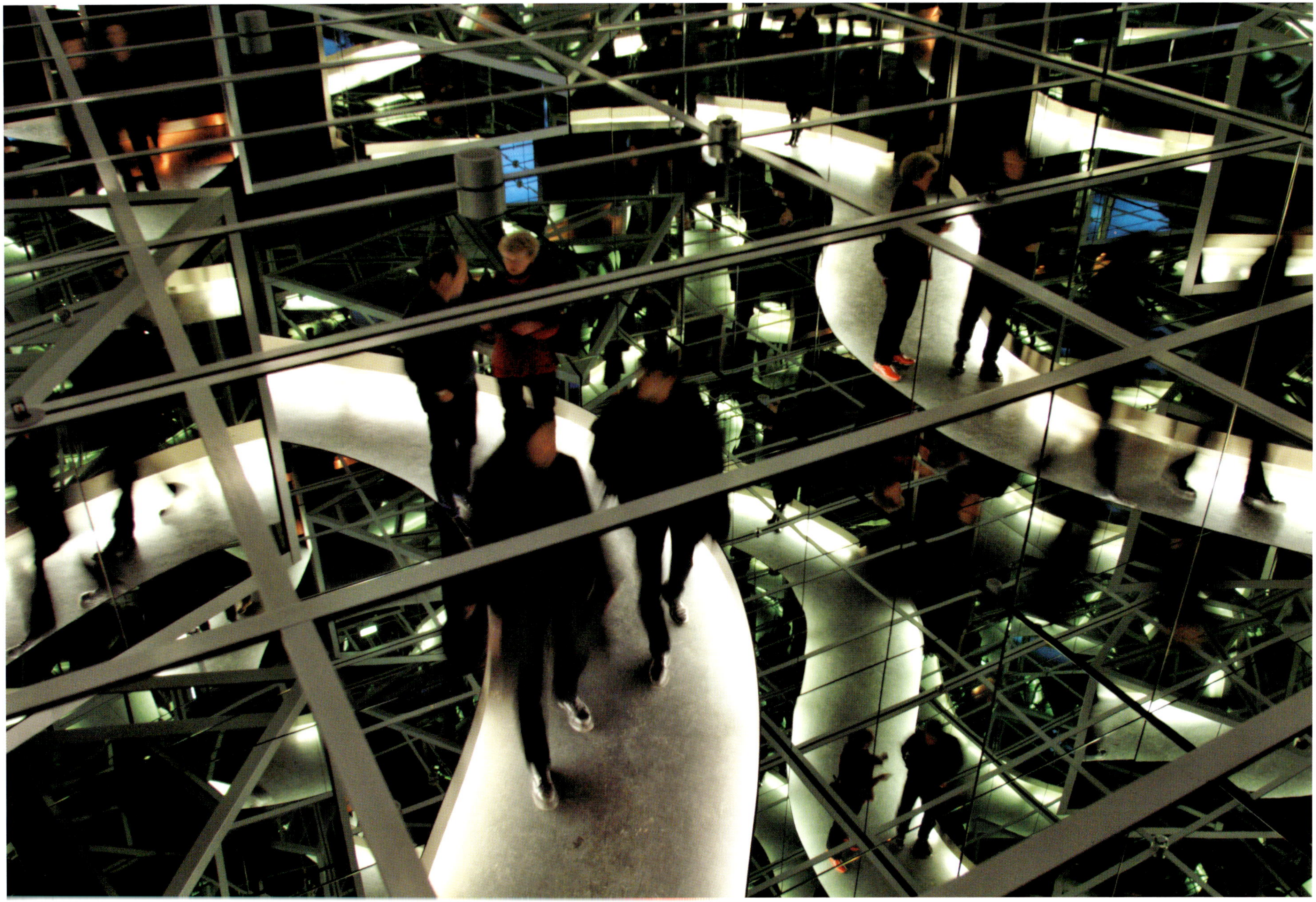

Januar 2000, Sony-Center: Wanddekoration in den Cinestar-Kinos

January 2000, the Sony Center: wall decoration in the Cinestar cinemas

Janvier 2000, Sony Center : décoration murale dans le complexe de cinémas Cinestar

Enero de 2000, Sony Center: decoración mural en los cines Cinestar

Gennaio 2000, Sony Center: decorazione delle pareti nei cinema Cinestar

2000年1月、ソニーセンター： シネスター映画館の壁面の飾り

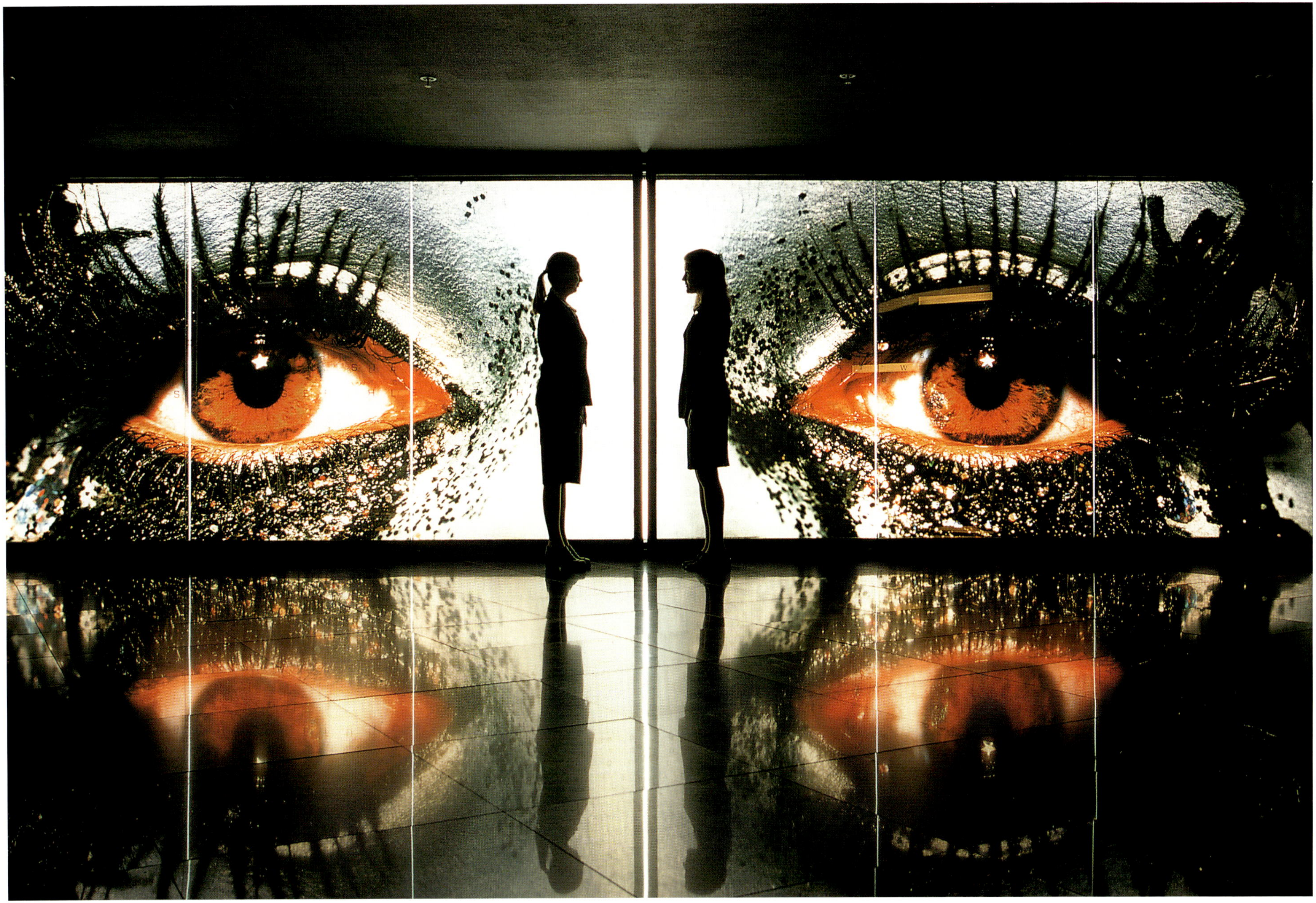

Januar 2000, die CineBar im Sony-Center

January 2000, the CineBar in the Sony Center

Janvier 2000, le CineBar dans le Sony Center

Enero de 2000, el CineBar en el Sony Center

Gennaio 2000, il CineBar nel Sony Center

2000年1月、ソニーセンターのシネバー

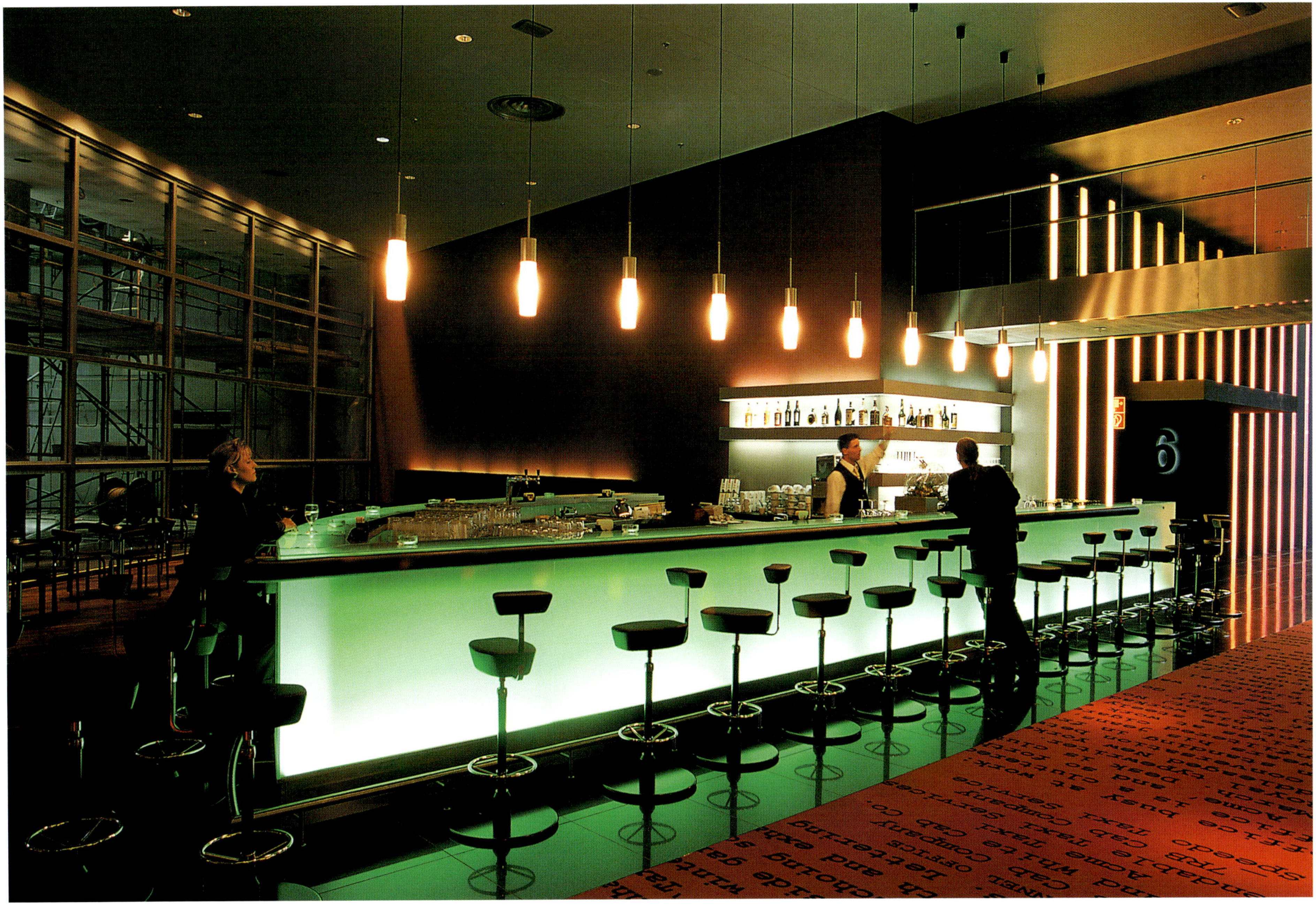
6

Februar 2000, Sony Center: Billy-Wilder-Bar im Filmhaus

February 2000, the Sony Center, Billy Wilder's Bar in the 'Filmhaus'

Février 2000, Sony Center : le bar Billy Wilder's dans la maison du film

Febrero de 2000, Sony Center: bar Billy Wilder's en la Casa del Cine

Febbraio 2000, il bar Billy Wilder's nella Filmhaus

2000年2月、ソニーセンターの映画博物館のバー、ビリー・ワイルダー

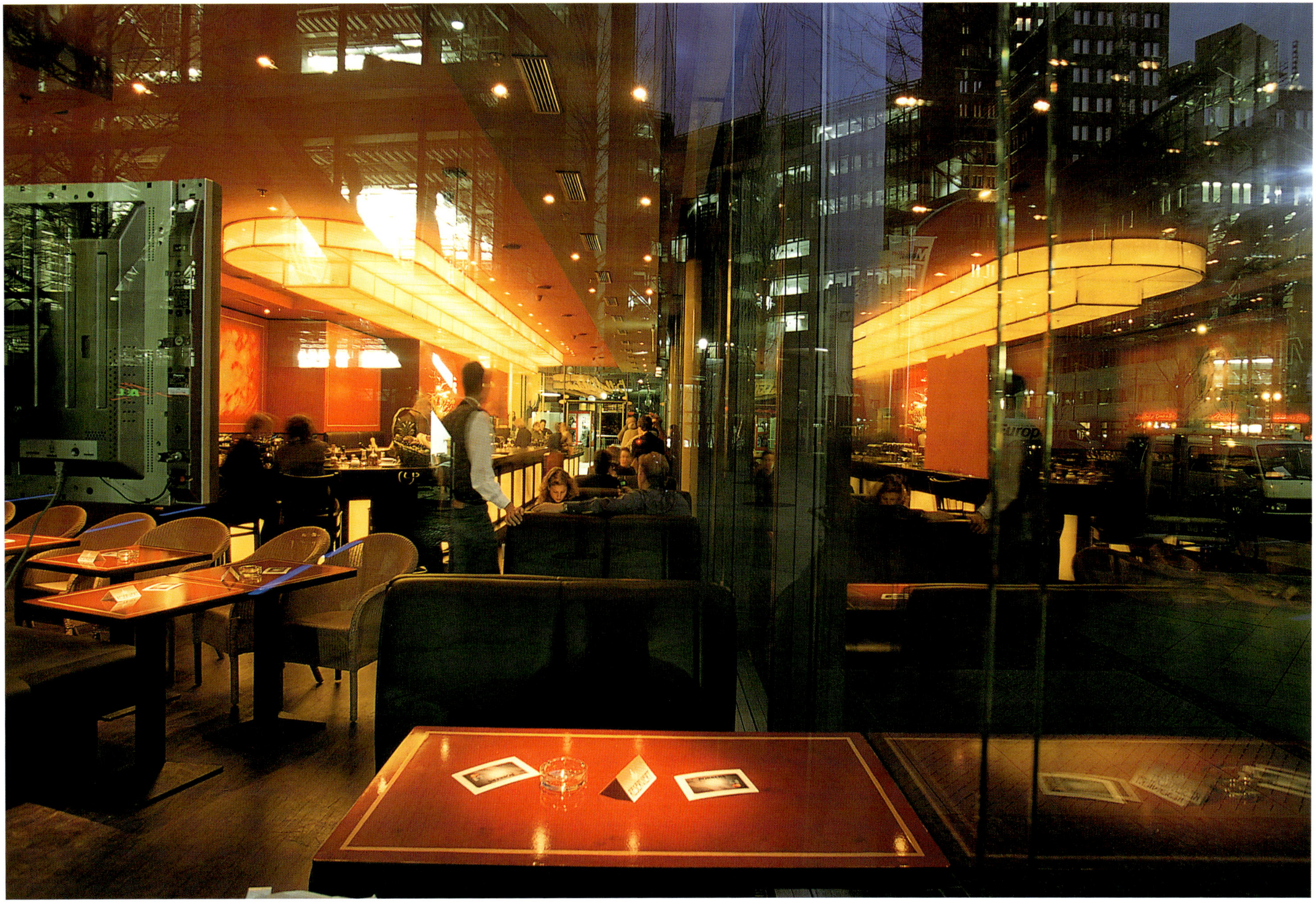

Januar 2000, Sony Center: Blick vom Kinobereich auf das Schirmdach

January 2000, the Sony Center: view of the "Marquee roof" from the cinema

Janvier 2000, Sony Center : vue sur le toit surplombant le forum depuis le complexe de cinémas

Enero de 2000, Sony Center: vista del tejado-carpa desde el área de los cines

Gennaio 2000, Sony Center: il tetto-ombrello visto dalla zona delle sale cinematografiche

2000年1月、ソニーセンター：映画館から丸屋根を望む

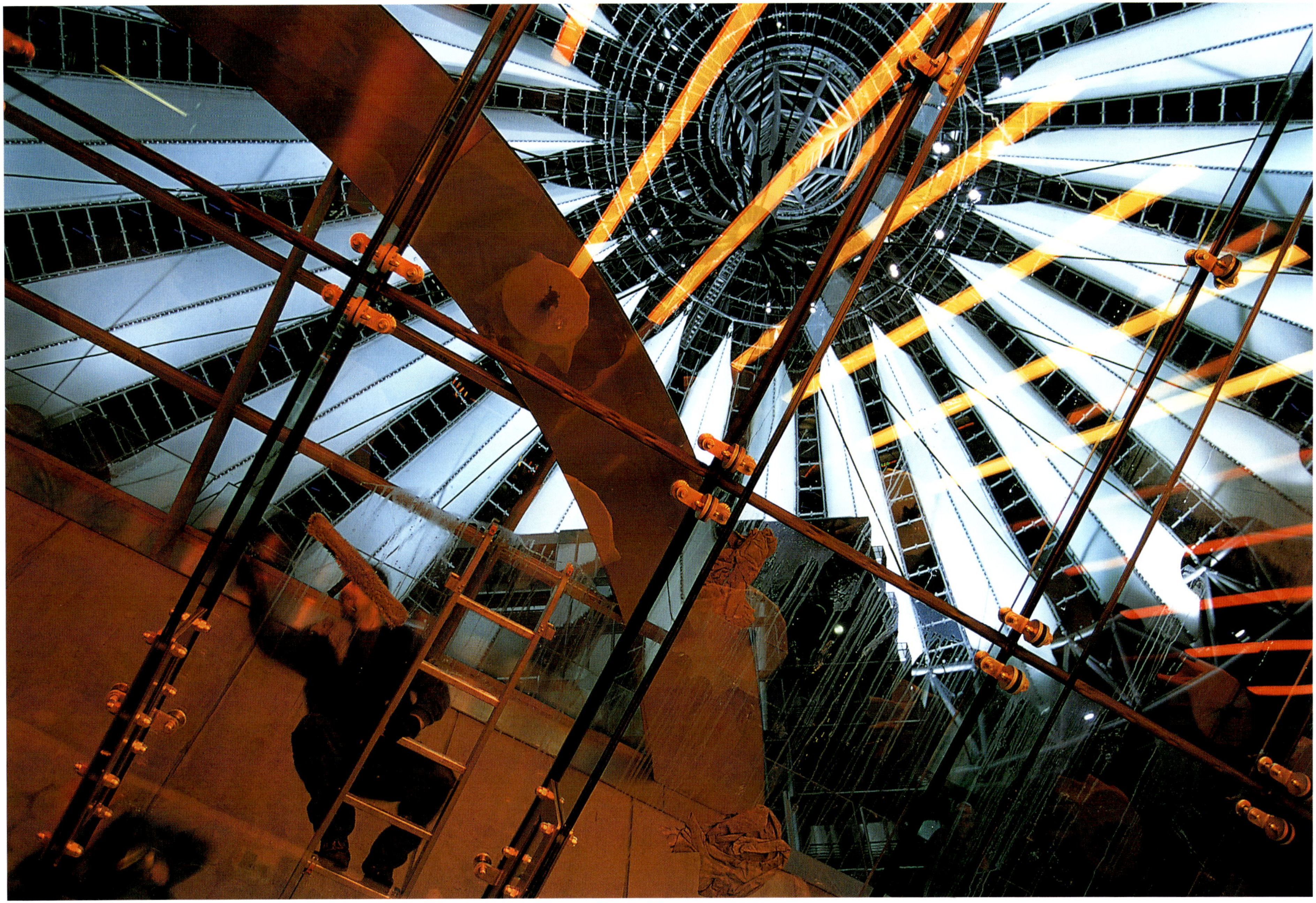

Blick in das Forum des Sony Center; rechts die Originalwände des Frühstückssaals des ehemaligen Hotel Esplanade

View of the Forum of the Sony Center; on the right, the original walls of the breakfast room of the former Hotel Esplanade

Vue sur le forum du Sony Center ; à droite les murs d'origine de la salle de petit déjeuner de l'ancien Hôtel Esplanade

Vista del foro del Sony Center; a la derecha las paredes originales de la sala de desayuno del antiguo Hotel Esplanade

Veduta dentro il forum del Sony Center; sulla destra le pareti originali della sala colazioni dell'ex Hotel Esplanade

ソニーセンターフォーラム。右は元エスプラナードホテルの朝食の間の壁のオリジナル

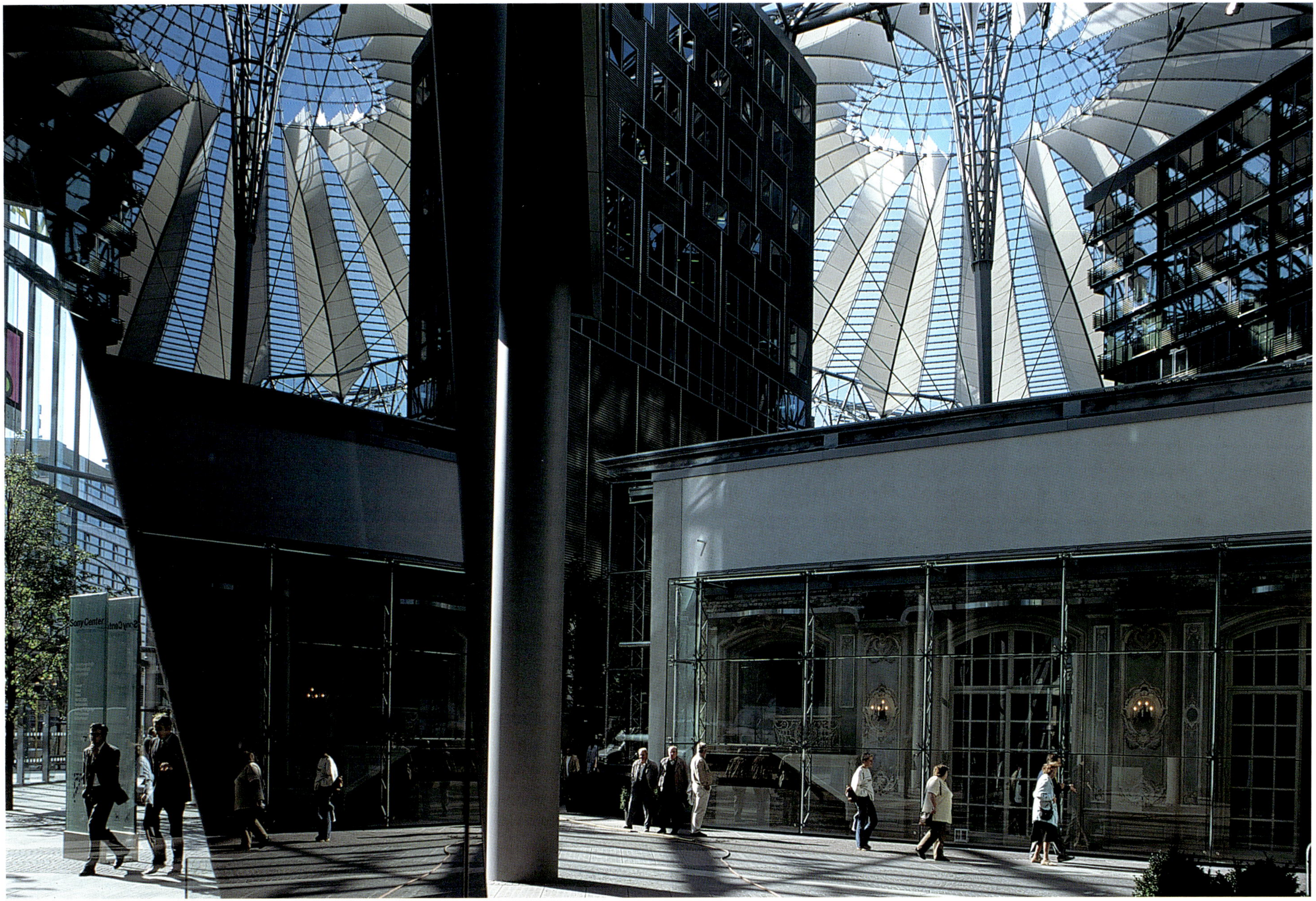
Sony Center

Der Kaisersaal des ehemaligen Hotel Esplanade, heute Restaurant

The Emperor's Hall of the former Hotel Esplanade, today a restaurant

La salle impériale de l'ancien Hôtel Esplanade, aujourd'hui restaurant

La Sala del Káiser del antiguo Hotel Esplanade, hoy restaurante

Il Salone dell'imperatore dell'ex Hotel Esplanade, oggi ristorante

現在レストランとなっている、かつてのエスプラナードホテルのカイザーホール

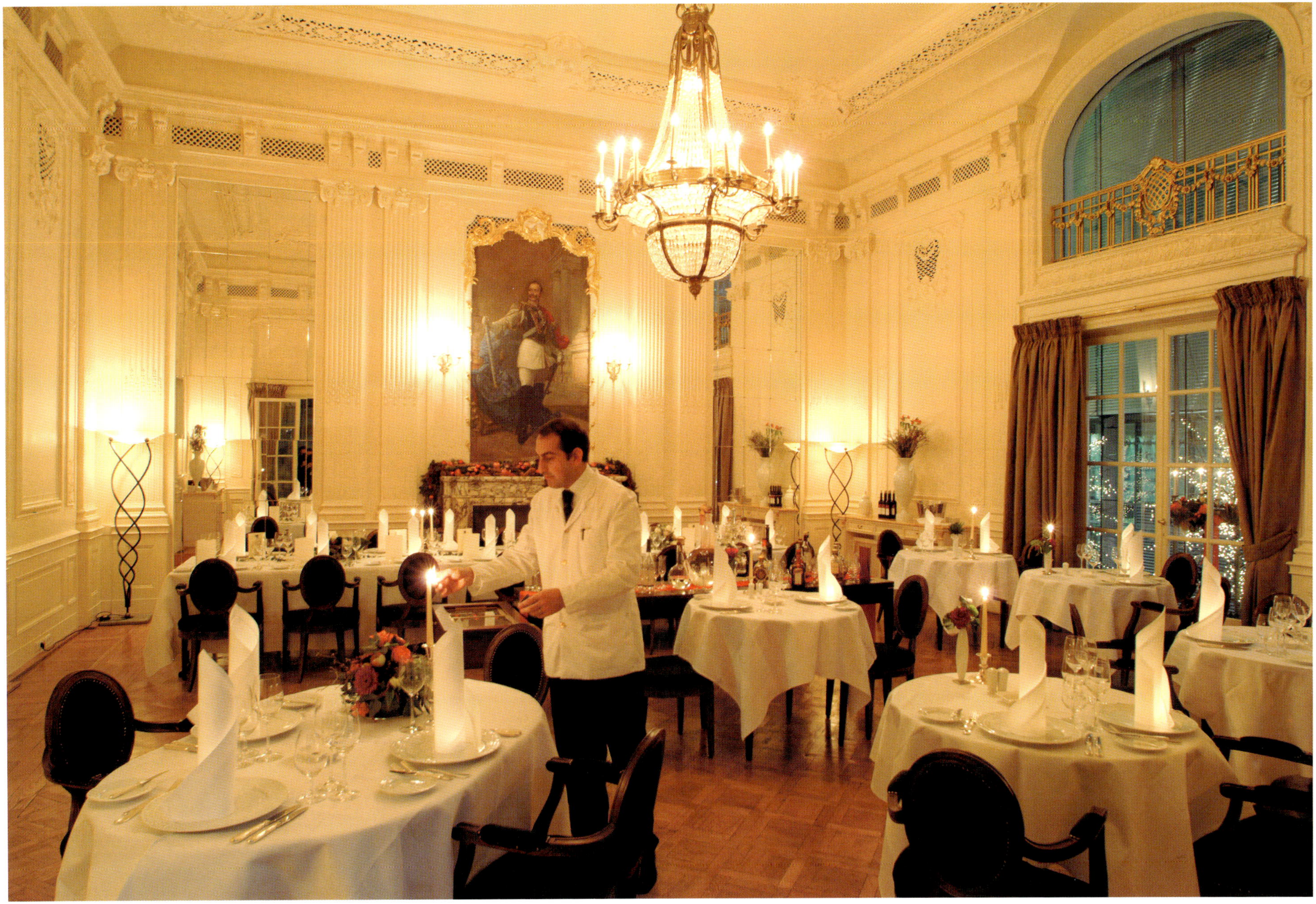

20. März 1996, Sony-Baustelle: Translokation des Kaisersaals auf einer Gleitbahn. Der 1800 Tonnen schwere neobarocke Raum wurde um ca. 75 Meter westlich seines ursprünglichen Platzes neben das Esplanade versetzt. Die Doppelbelichtung macht ein Stück der Verschiebung sichtbar

20 March 1996, Sony building site: relocating the Emperor's Hall using a slide bar: The 1,800-ton neo-baroque room was moved approximately 75 metres to the west of its original position; the double exposure partly shows the relocation work

20 mars 1996, déplacement de la salle de l'Empereur sur des rails : la salle néo-baroque pesant 1800 tonnes fut déplacée vers l'ouest d'environ 75 m par rapport à sa position d'origine dans l'Hôtel Esplanade. Une double exposition du négatif rend le déplacement visible

20 de marzo de 1996, obras del edificio Sony; traslocación de la Sala del Káiser sobre unos rieles deslizantes. La sala neobarroca, de 1.800 toneladas de peso, fue trasladada unos 75 metros al oeste de su ubicación original junto al Hotel Esplanade. La doble exposición hace parcialmente visible el desplazamiento

20 marzo 1996, cantiere Sony: il trasloco su rotaie del Salone dell'imperatore. Il Salone neobarocco pesante 1800 tonnellate fu spostato dalla sua posizione originaria di circa 75 metri verso ovest, a fianco dell'Esplanade. La doppia esposizione mette in evidenza alcune fasi del trasferimento

1996年3月20日、ソニーの建設現場：カイザーホールのガイドウェー上の移動。1800トンの重さのネオバロックの部屋は元の位置から75m離れたエスプラナードに移された。露出のダブリにより移動状態が明確に見える

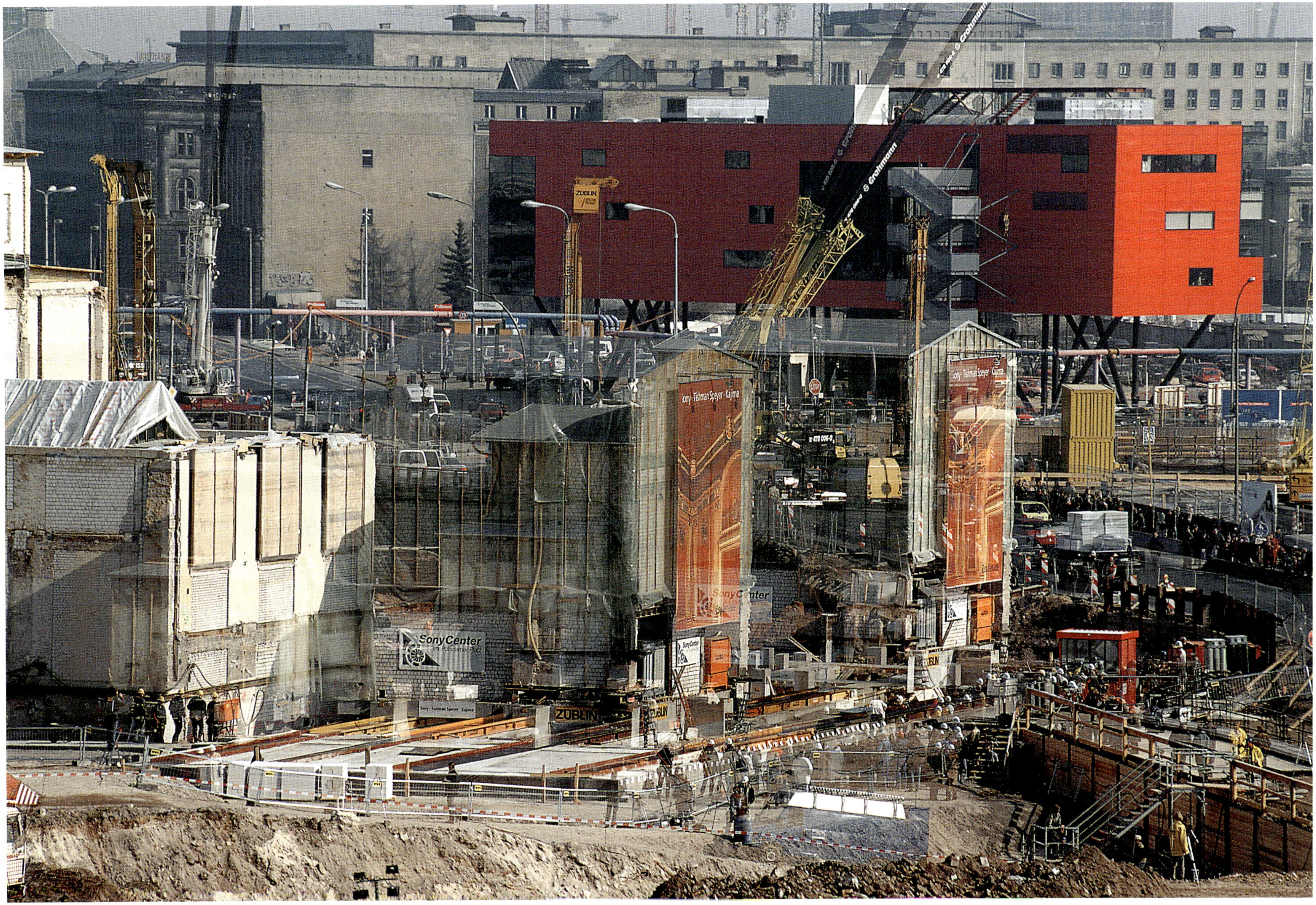
SonyCenter
ZÜBLIN

2. Oktober 1998, Einweihungsfeier der Daimler-City auf dem Potsdamer Platz:
Laser-Schow auf dem Marlene-Dietrich-Platz

2 October 1998, the opening ceremony of Daimler City at Potsdamer Platz:
a laser show at Marlene-Dietrich-Platz

2 octobre 1998, inauguration du nouveaux quartier Daimler-Benz sur la
Potsdamer Platz: Laser-Show sur la Marlene-Dietrich-Platz

2 de octubre de 1998, inauguración de la Daimler City en la Potsdamer Platz:
show de láser sobre la Plaza Marlene Dietrich

2 ottobre 1998, festa di inaugurazione del complesso Daimler-Benz a
Potsdamer Platz: laser-show in piazza Marlene Dietrich

1998年10月2日、ポツダム広場のダイムラーシティーのオープニング：マルレーネ・
ディートリヒ広場でのレザー光線ショー

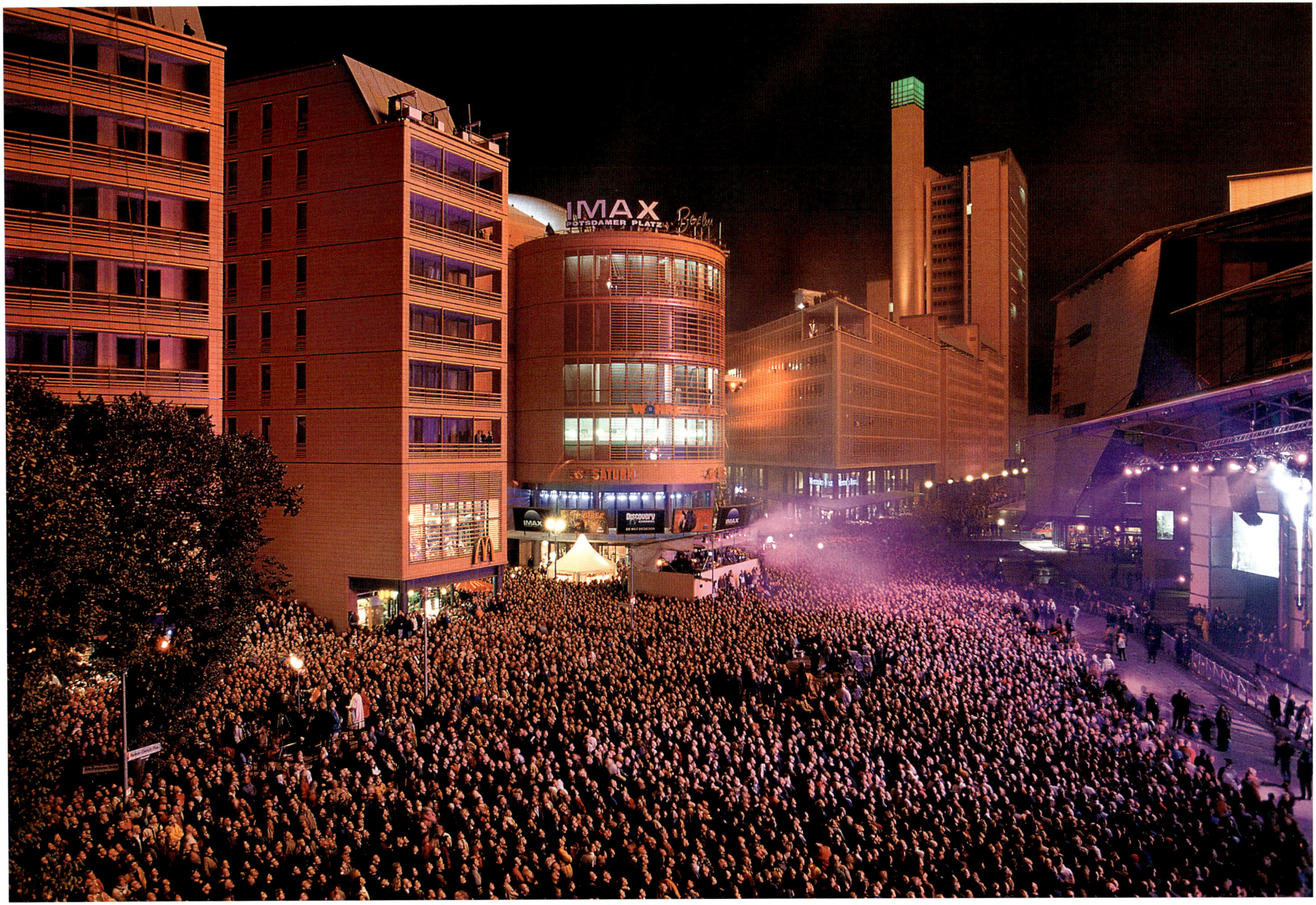
IMAX
POTSDAMER PLATZ

1. Oktober 1998, die Nacht vor der Eröffnung des Daimler-Benz-Quartiers am Potsdamer Platz: Blick in die Eichhornstraße mit dem Imax-Kino (links), die debis-Zentrale (Mitte) und das Musical-Stella-Theater (rechts)

1 October 1998, the eve of the opening of the Daimler-Benz headquarters at Potsdamer Platz: a view into Eichhornstrasse showing Imax Cinema (left), the debis headquarters (centre) and the Musical Theatre Stella (right)

1er octobre 1998, la nuit précédant l'inauguration du quartier Daimler-Benz : vue dans la rue Eichhorn avec à gauche le cinéma Imax, au centre l'immeuble de debis et le Music-Hall Stella à droite

1 de octubre de 1998, la noche antes de la inauguración del barrio de Daimler-Benz en la Potsdamer Platz; vista de la calle Eichhorn con el cine Imax (izquierda), la central de debis (centro) y el teatro musical Stella (derecha)

1 ottobre 1998, la notte precedente l'inaugurazione del complesso Daimler-Benz a Potsdamer Platz: la Eichhornstrasse con il cinema Imax (a sinistra), la sede centrale della debis (al centro) e il Musical-Theater Stella (a destra)

1998年10月、ポツダム広場、ダイムラー・ベンツ広場のオープニング前夜：アイマックス映画館のあるアイヒホルン通り（左）、デビスセンター（中）とミュージカルのステラ劇場（右）

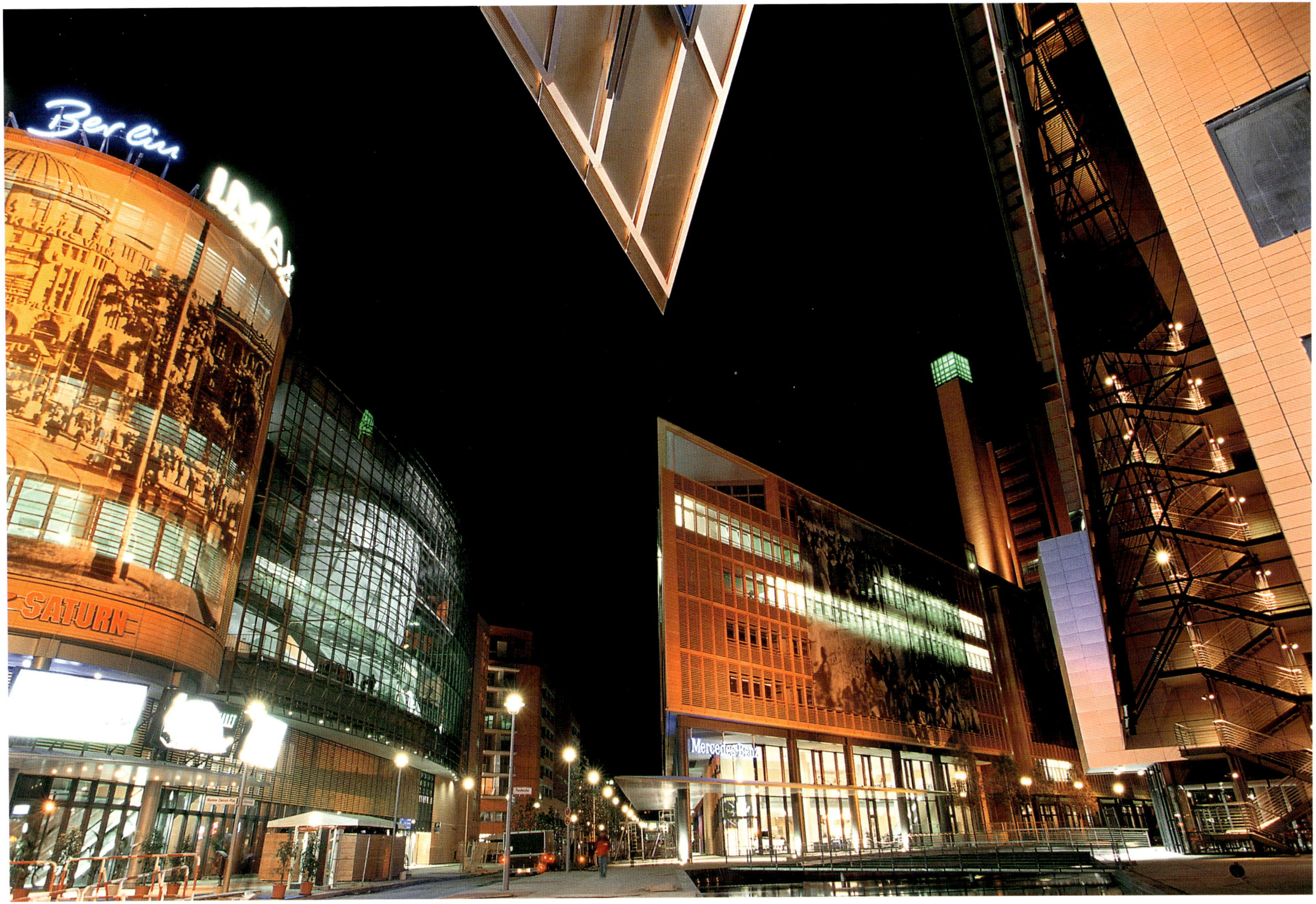

Berlin
SATURN
Mercedes-Benz

Oktober 1998, die Fassade des debis-Hochhauses

October 1998, the façade of the debis high-rise

Octobre 1998, façade de l'immeuble de debis

Octubre de 1998, la fachada del edificio debis

Ottobre 1998, la facciata del grattacielo debis

1998年10月、デビスセンタービルのファサード

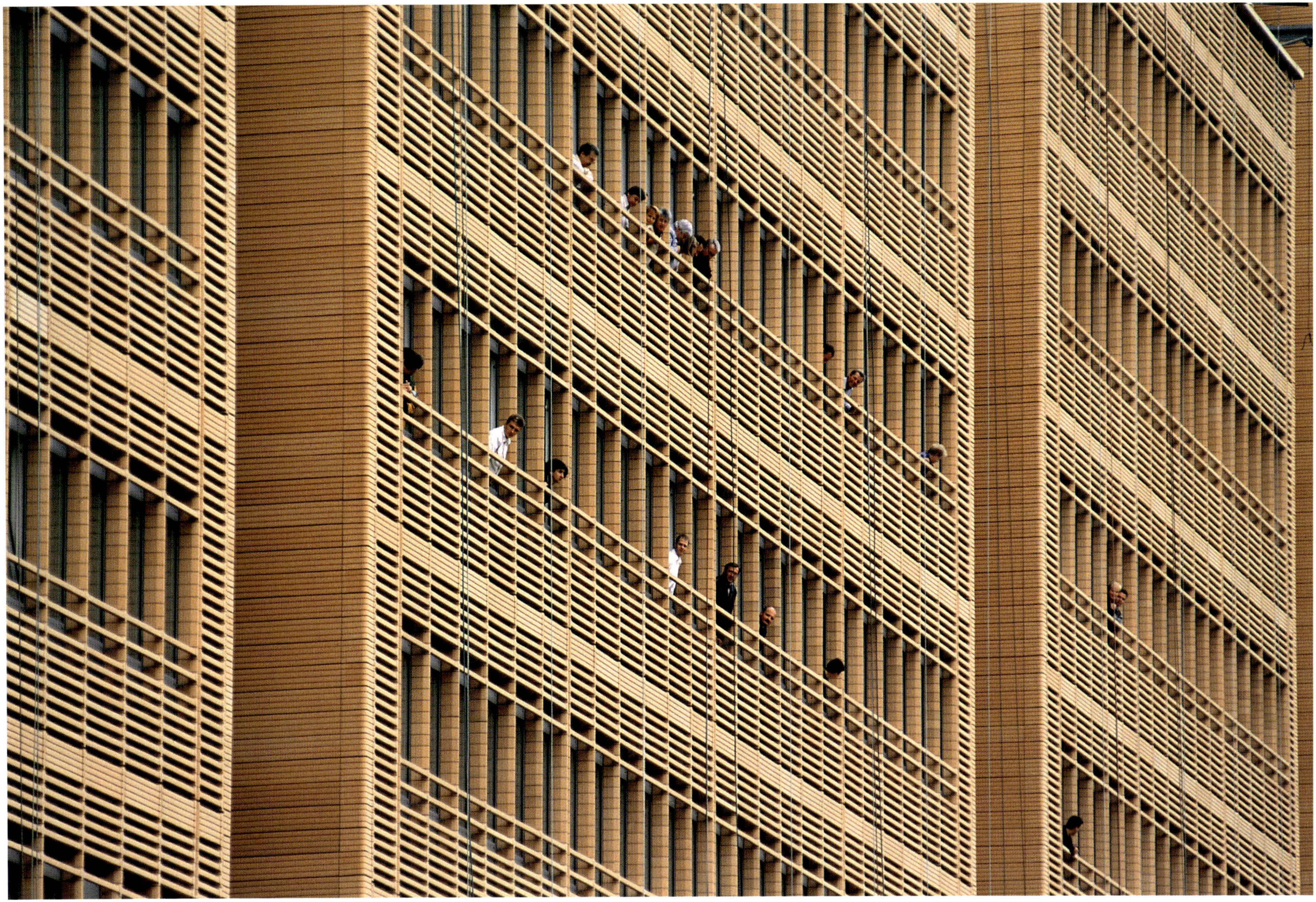

Die westliche Fassade der debis-Zentrale, mehrfach gespiegelt

Multiple reflections of the western façade of debis headquarters

Reflets de la façade ouest de l'immeuble de debis

La fachada occidental de la central de debis, en un reflejo múltiple

La facciata ovest della sede centrale della debis, più volte rispecchiata

反射像が重なり合うデビスセンターの西側ファサード

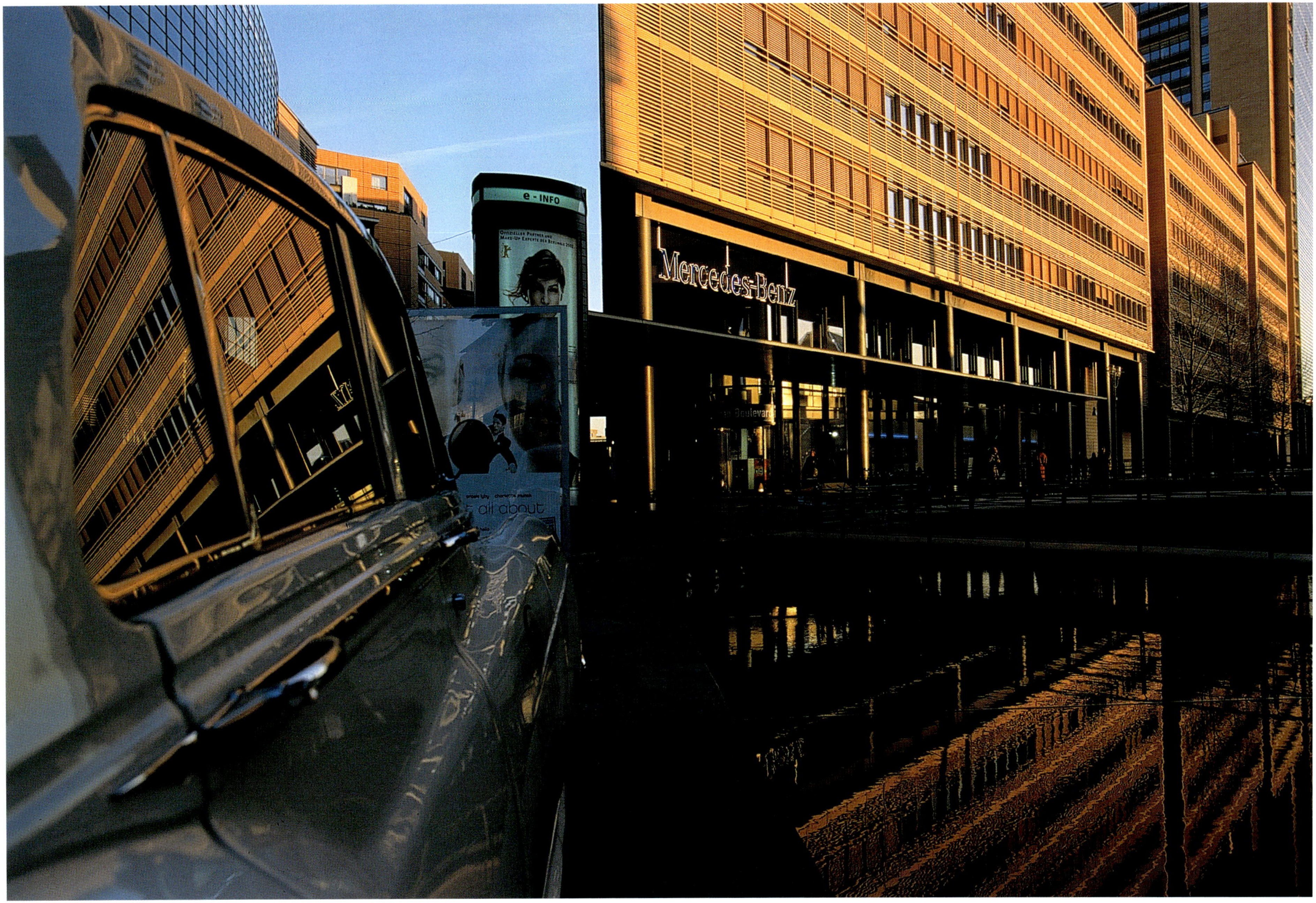
e - INFO
Mercedes-Benz

Wasserbecken am Rande des Marlene-Dietrich-Platzes

Pool at the edge of Marlene-Dietrich-Platz

Bassin au bord de la Marlene-Dietrich-Platz

Foso de agua al borde de la Plaza Marlene Dietrich

Vasca ai margini della piazza intitolata a Marlene Dietrich

マルレーネ・ディートリヒ広場脇の水盤

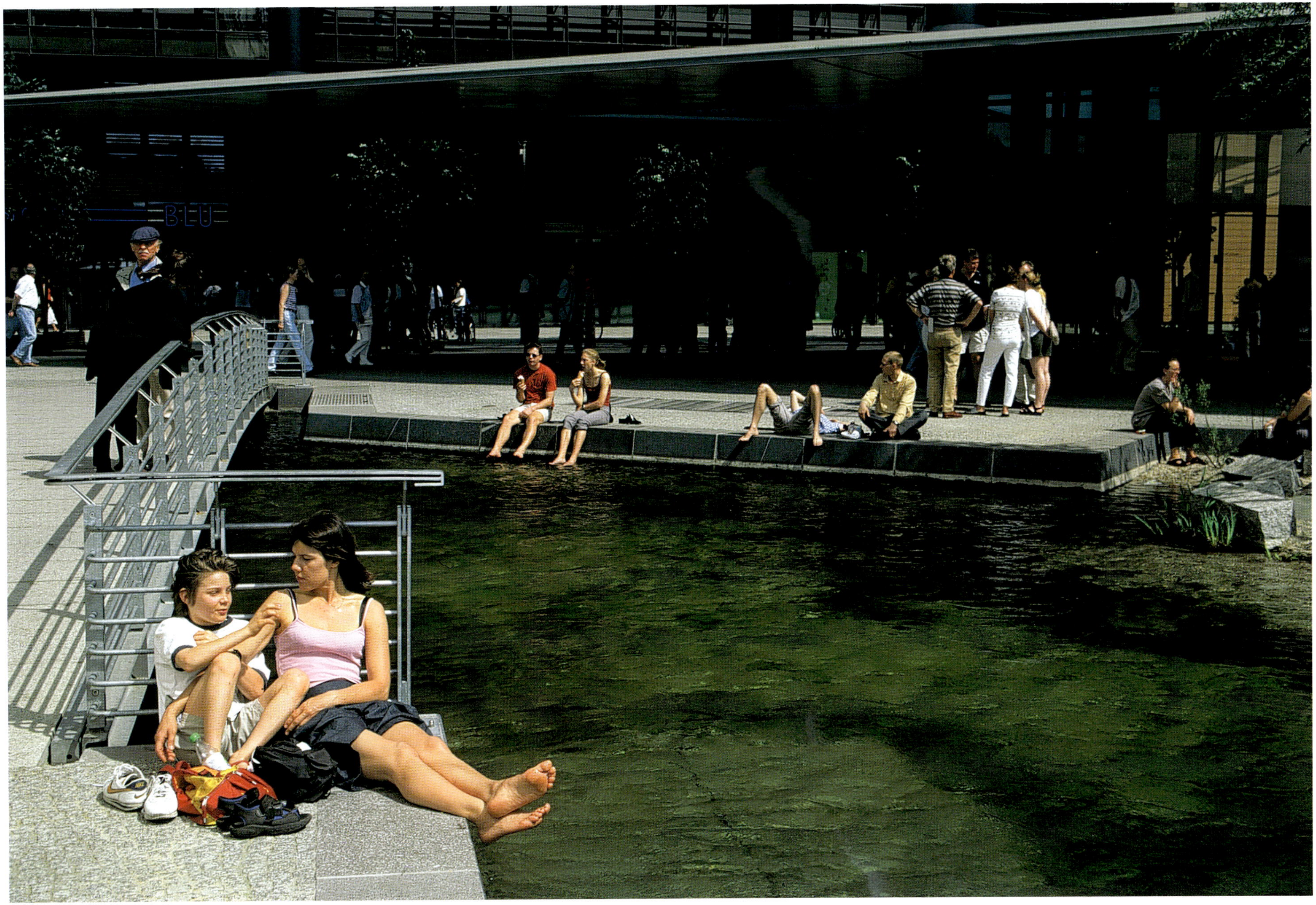
BLU

2. Oktober 1998, Eröffnung der Einkaufspassage »Arkaden« am Potsdamer Platz

2 October 198, the opening of the shopping mall "Arkaden" at Potsdamer Platz

2 octobre 1998, ouverture des galeries marchandes « Arkaden » sur la Potsdamer Platz

2 de octubre de 1998, inauguración de las galerías commerciales »Arkaden« en la Potsdamer Platz

2 ottobre 1998, inaugurazione della galleria »Arkaden« a Potsdamer Platz

1998年10月2日ポツダム広場のショッピング街「アルカーデン」のオープニング

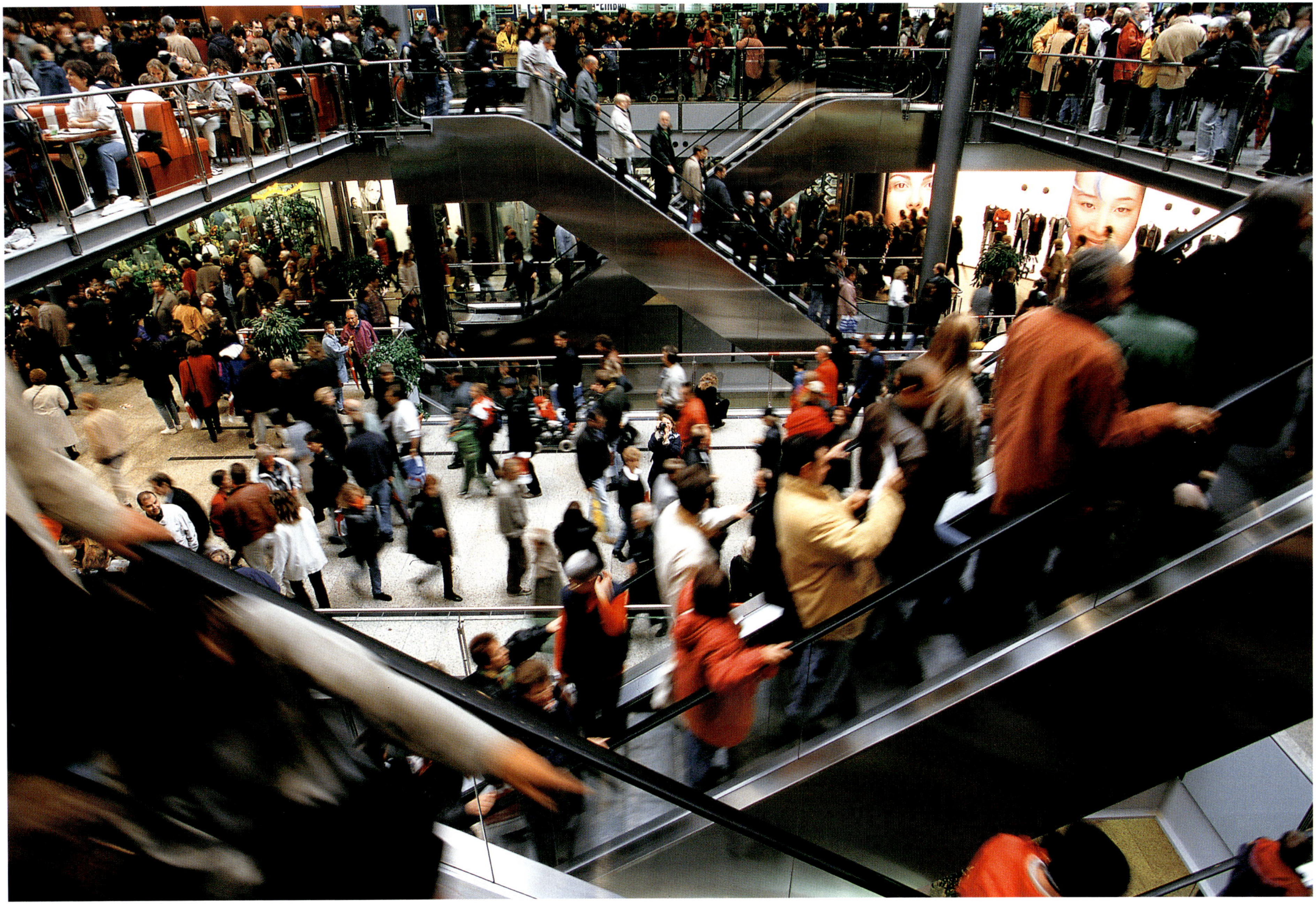

November 1997, Wasserbecken am Fuße des debis-Hochhauses

November 1997, water basin at the foot of the debis high-rise

Novembre 1997, bassin au pied de l'immeuble de debis

Noviembre de 1997, foso de agua al pie del edificio debis

Novembre 1997, vasca ai piedi del grattacielo della debis

1997年11月、デビスセンタービル下の水盤

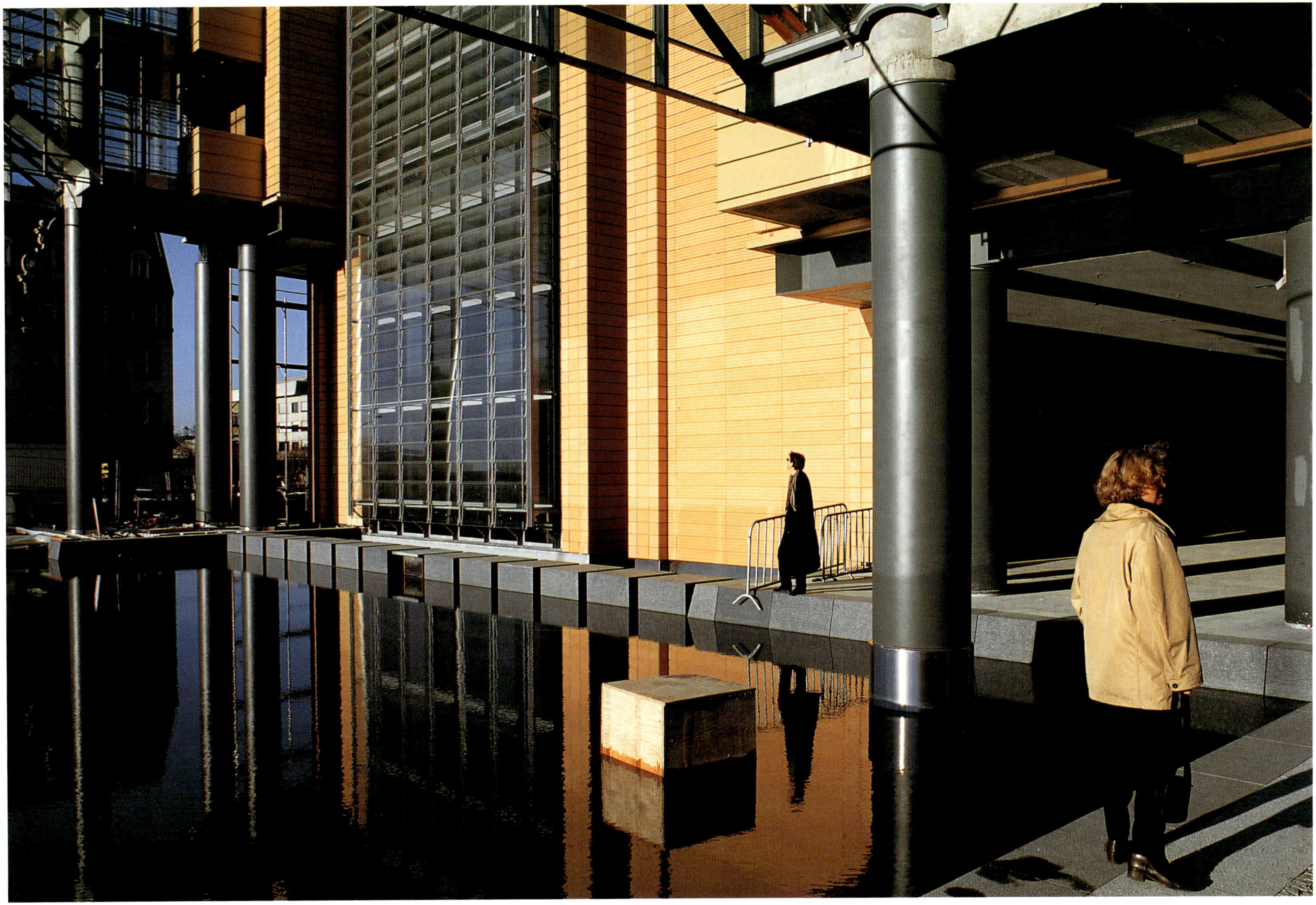

November 1997, Blick hinauf zum grünen Würfel an der Spitze des debis-Hochhauses, gegenüber der Isozaki-Bau mit seiner Verbindungsbrücke in 30 Meter Höhe

November 1997, a view of the green cube on the top of the debis high-rise; opposite: the Isozaki building with the 30-metres-high bridge link

Novembre 1997, vue sur le cube vert au sommet de l'immeuble de debis avec en face le bâtiment d'Isozaki et sa passerelle à 30 m de hauteur

Noviembre de 1997, vista desde abajo del dado verde en la punta del edificio debis, en frente el edificio de Isozaki con su pasarela a 30 metros de altura

Novembre 1997, il cubo verde posto in cima al grattacielo debis visto dal basso; di fronte il palazzo dell'architetto Isozaki con la passerella posta a 30 metri di altezza

1997年11月、デビスセンタービル上の緑のサイコロを見上げる。その向かいは30mの高さにある橋を持つ磯崎ビル

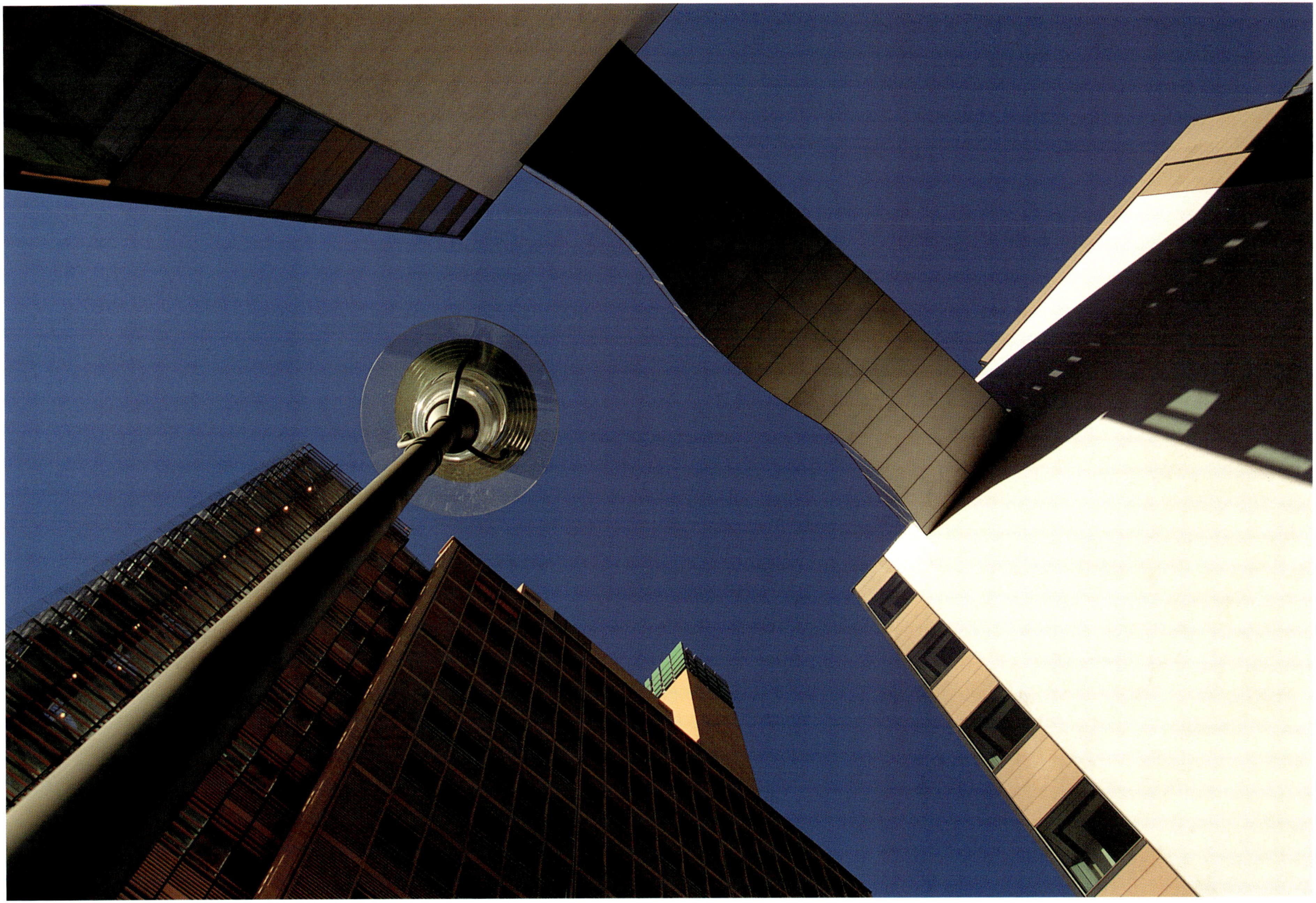

Marlene-Dietrich-Platz bei Nacht (links das Imax-Kino, in der Mitte die debis-Zentrale und rechts das Theater am Potsdamer Platz, vormals Stella Musical Theater)

Marlene-Dietrich-Platz by night (left, the Imax Cinema, centre, the debis headquarters, and right, the Theater am Potsdamer Platz, formerly Stella Musical Theater)

Marlene-Dietrich-Platz de nuit (à gauche le cinéma Imax, au centre l'immeuble de debis et à droite le théâtre de la Potsdamer Platz, auparavant Stella Musical Theater)

La Plaza Marlene Dietrich de noche (a la izquierda el cine Imax, en medio la central de debis y a la derecha el Theater am Potsdamer Platz, antes Stella Musical Theater)

Marlene-Dietrich-Platz di notte (a sinistra il cinema Imax, al centro la sede centrale della debis e a destra il Theater am Potsdamer Platz, ex Musical-Theater Stella)

マルレーネ・ディートリヒ広場の夜（左にアイマックス映画館、中にデビスセンター、右にポツダム広場劇場、旧ステラミュージカル）

IMAX
DISCOVERY
Hugendubel Bücher
GIACOMELLI
SPORT
WÖHRL
SATURN
Bus Service
WELTPREMIERE
DER GLÖCKNER VON
NOTRE DAME
B NX 812H

Dezember 1999, inmitten der Neubauten am Potsdamer Platz: die Seitenfront des 90 Jahre alten Weinhauses Huth

December 1999, in the midst of the buildings at Potsdamer Platz: the side front of the 90-year-old Weinhaus Huth wine store

Décembre 1999, vue sur une partie de la façade de la Weinhaus Huth, construite en 1912, au milieu des nouveaux bâtiments de la Potsdamer Platz

Diciembre de 1999, en medio de los edificios nuevos de la Potsdamer Platz: la fachada lateral de la Weinhaus Huth, de 90 años de antigüedad

Dicembre 1999, circondato dagli edifici nuovi di Potsdamer Platz: la fiancata della Weinhaus Huth costruita 90 anni fa

1999年12月、ポツダム広場の新建築群の中にある90年前のワインの店フート

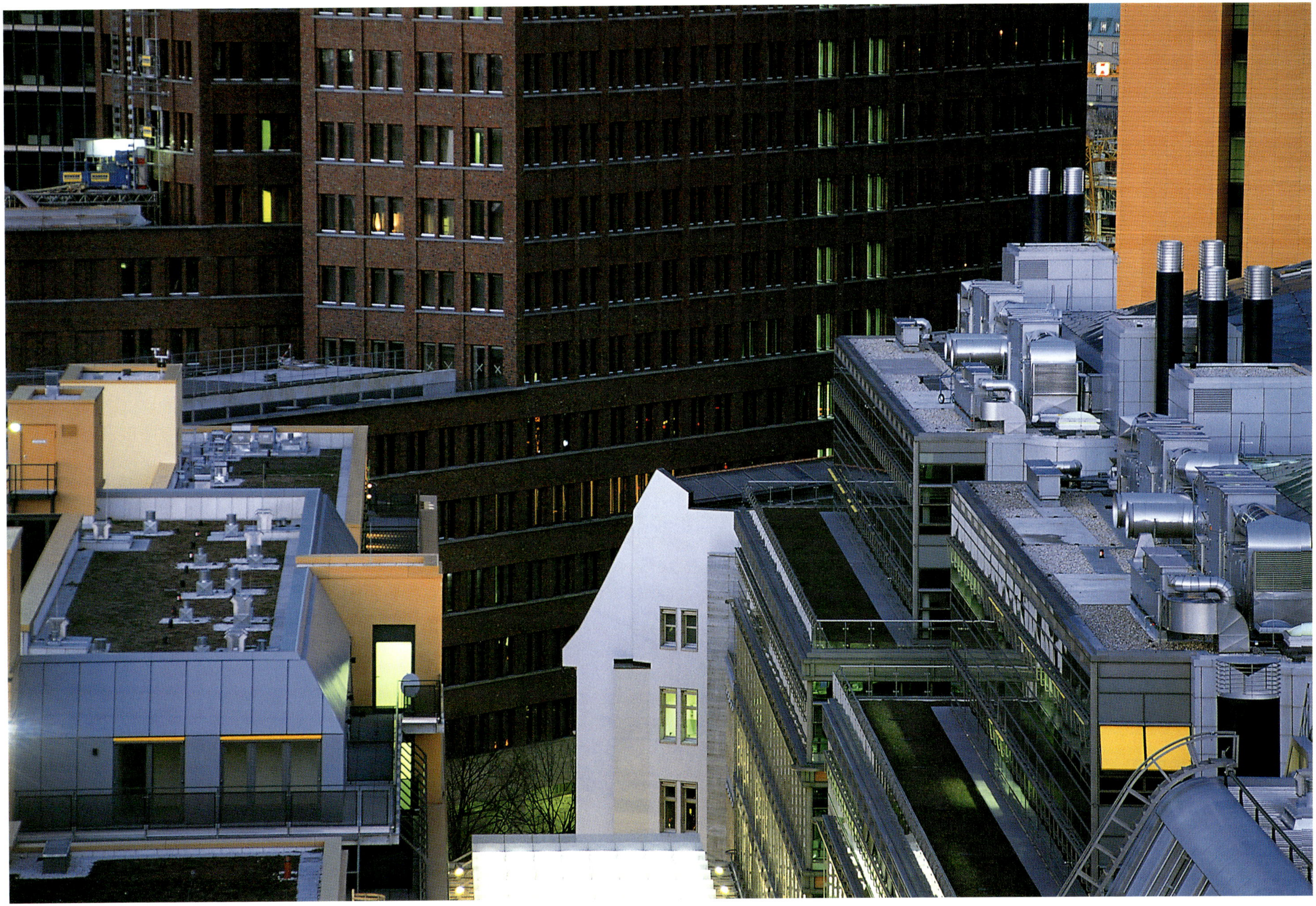

Ensemble von Fassadensegmenten der Hochhäuser von Renzo Piano (links), Hans Kollhoff (Mitte) und Helmut Jahn (rechts)

Ensemble of sections of the façades of high-rise buildings designed by Renzo Piano (left), Hans Kollhoff (centre) and Helmut Jahn (right)

Ensemble de segments de façades des tours de Renzo Piano (à gauche), Hans Kollhoff (centre) et Helmut Jahn (à droite)

Conjunto de segmentos de fachadas de los edificios de Renzo Piano (izquierda), Hans Kollhoff (centro) y Helmut Jahn (derecha)

Composizione di segmenti delle facciate dei grattacieli di Renzo Piano (a sinistra), Hans Kollhoff (al centro) e Helmut Jahn (a destra)

レンツォ・ピアノ(左)、ハンス・コルホフ(中)、ヘルムート・ヤーン(右)になる高層ビルのファサードが作るアンサンブル

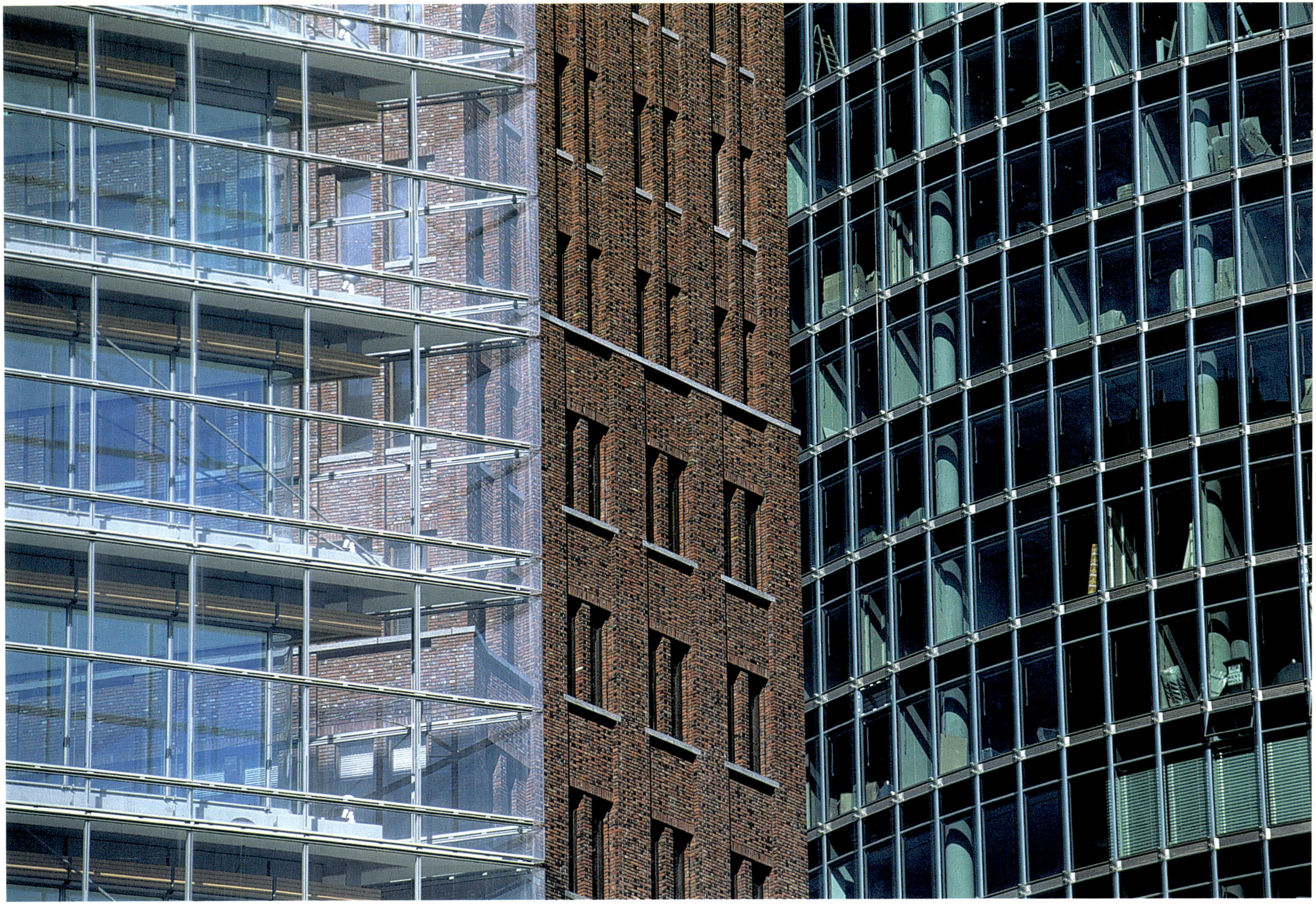

Blick von der Grünanlage der Staatsbibliothek auf das Gebäudeensemble am Potsdamer Platz

View from the green space of the Staatsbibliothek of the ensemble of buildings in Potsdamer Platz

Vue, depuis le parc de la Staatsbibliothek, sur l'ensemble architectural de la Potsdamer Platz

Vista del conjunto de edificios de la Potsdamer Platz desde la zona verde de la Biblioteca Estatal

Veduta dall'area verde della Staatsbibliothek al complesso di edifici di Potsdamer Platz

国立図書館の庭よりポツダム広場の建築群を望む

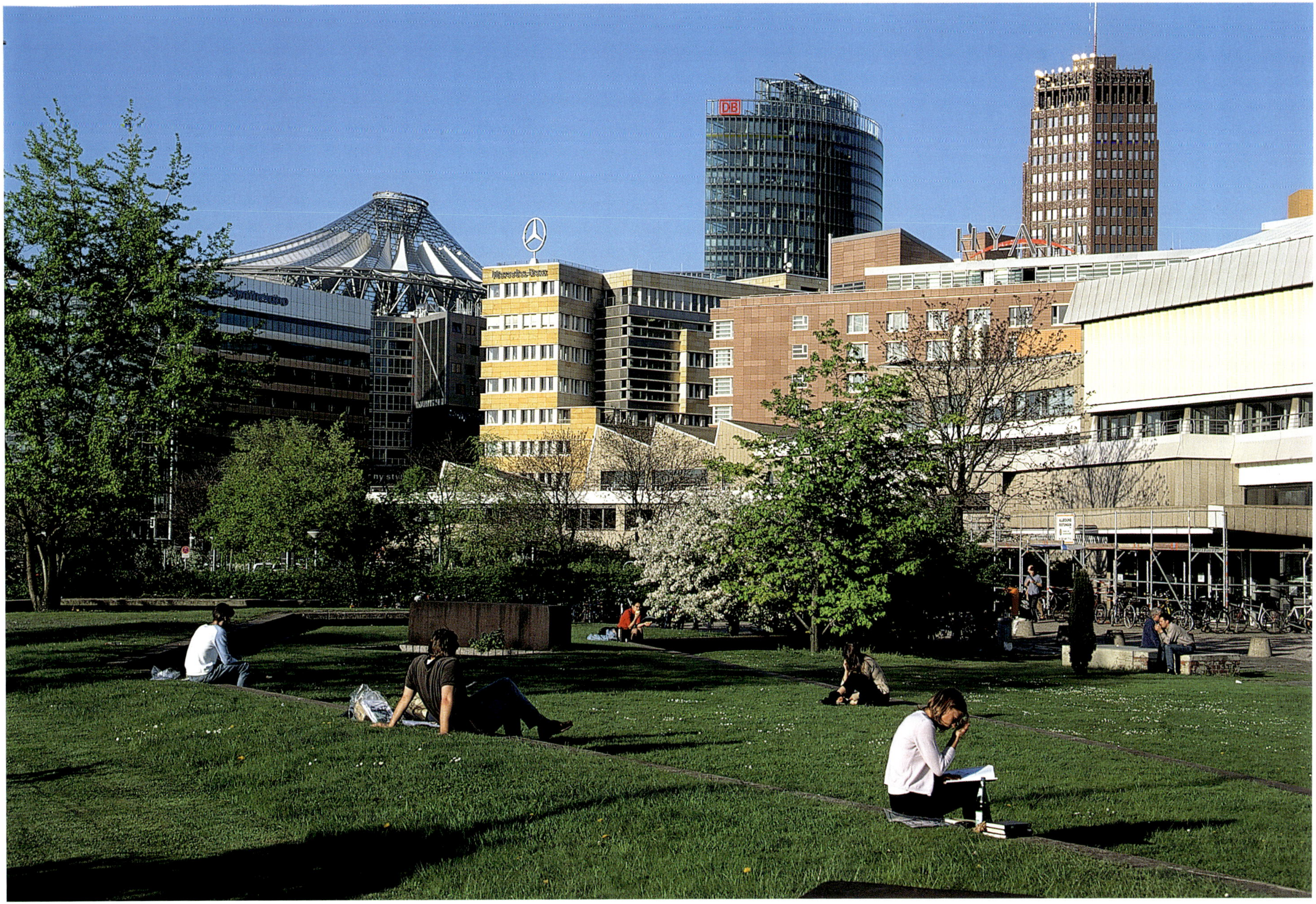
DB
HYATT

Dezember 1999, das DaimlerChrysler-Areal bei Nacht

December 1999, the DaimlerChrysler complex by night

Décembre 1999, vue nocturne du quartier DaimlerChrysler

Diciembre de 1999, el área Daimler Chrysler de noche

Dicembre 1999, veduta notturna del complesso DaimlerChrysler

1999年12月、夜のダイムラー・クライスラー広場

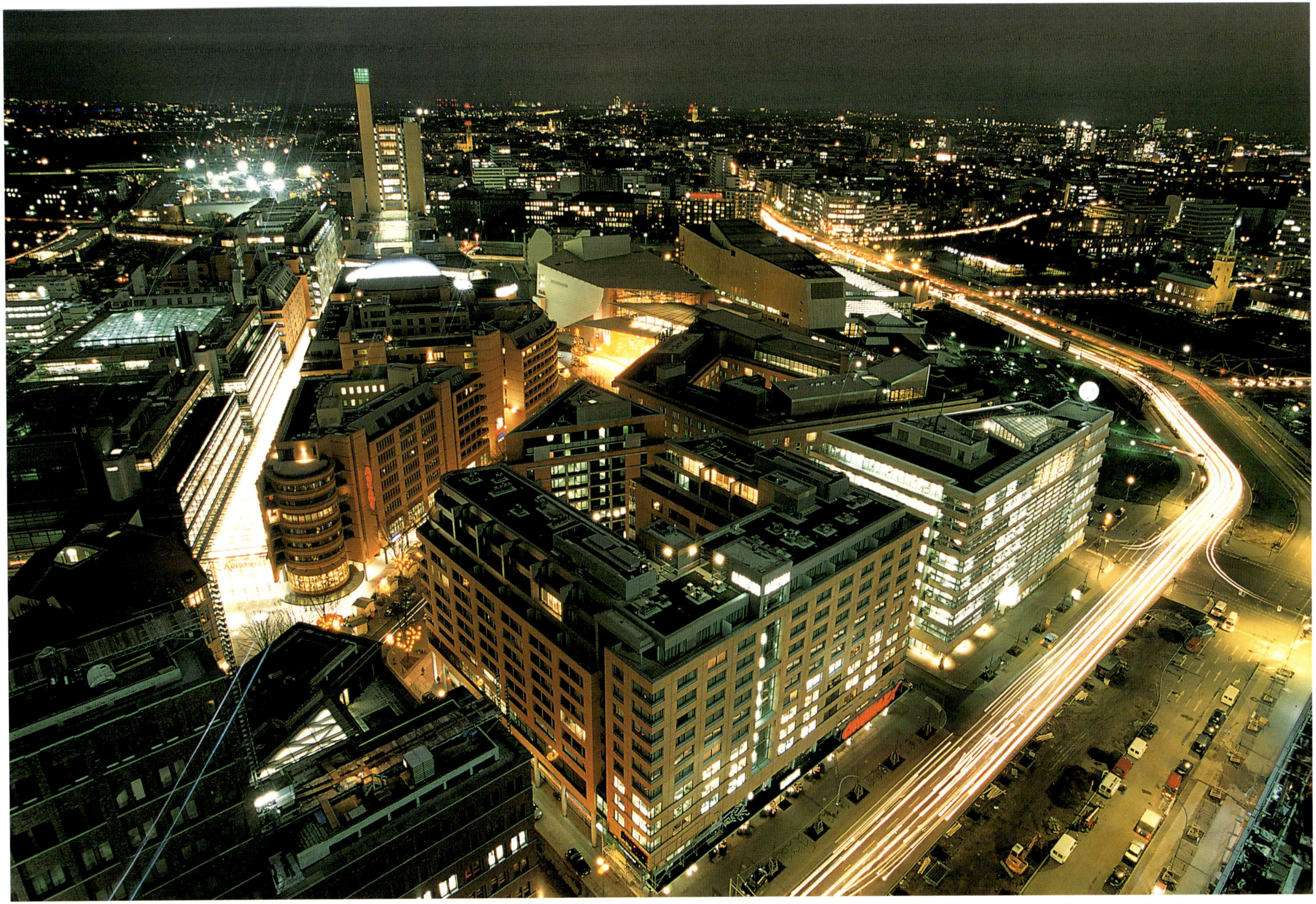

Pierre Adenis wurde 1962 in Toulon geboren, lebte von 1979 bis 1989 in Nizza, Lille und Paris und arbeitet seit 1987 in Berlin. Während seiner Korespondententätigkeit für die Pariser Fotoagentur SIPA PRESS widmete er sich u. a. dem Schwerpunkt Stadtentwicklung Berlin. Seit 1992 ist er Mitglied der Berliner Fotoagentur G.A.F.F.

Pierre Adenis was born in Toulon in 1962. From 1979 to 1989 he lived in Nice, Lille and Paris. Since 1987 he has been working in Berlin. While he was working as a correspondent for the Parisian photographic agency SIPA PRESS, the focal points of his activities included urban development in Berlin. He has been a member of the Berlin photographic agency G.A.F.F. since 1992.

Pierre Adenis est né à Toulon en 1962. Il a vécu à Nice, Lille et Paris entre 1979 et 1989. Il travaille depuis 1987 à Berlin. Correspondant de l'agence française SIPA PRESS, il s'est notamment consacré à l'urbanisme berlinois. Il est membre depuis 1992 de l'agence photos berlinoise G.A.F.F.

Pierre Adenis nació en Toulon en 1962. Entre 1979 y 1989 vivió en Niza, Lille y París; desde 1987 trabaja en Berlín. En su trabajo como corresponsal para la agencia fotográfica de París SIPA PRESS se dedicó entre otras cosas al desarrollo urbanístico en Berlín. Desde 1992 es miembro de la agencia fotográfica berlinesa G.A.F.F.

Pierre Adenis è nato a Toulon nel 1962, dal 1979 al 1989 ha vissuto a Nizza, Lille e Parigi, e dal 1987 lavora a Berlino. Nel corso della sua attività di corrispondente per l'agenzia fotografica parigina SIPA PRESS si è dedicato tra l'altro alla tematica dello sviluppo urbano di Berlino. Dal 1992 fa parte dell'agenzia fotografica berlinese G.A.F.F.

ピエール・アデニスは1962年にツーロンに生まれ、1979年から1989年にかけてニース、リーユ、パリで過ごし、1987年以降はベルリンで仕事をしている。パリのエージェントSIPA PRESSの報道写真家としての仕事は都市としてのベルリンの発展に重点を置いたものであり、1992年以降はベルリンのエージェントG.A.F.F.い籍を置き活躍している。

Bernhard Schulz, gebürtiger Berliner des Jahrgangs 1953, ist seit 1987 Redakteur im Feuilleton des Berliner »Tagesspiegels« und beschäftigt sich vorrangig mit Themen aus Architektur, Städtebau und bildender Kunst. Neben seiner Arbeit für die Tageszeitung veröffentlichte er zahlreiche Beiträge in Zeitschriften, Büchern und Ausstellungspublikationen.

Bernhard Schulz, born in Berlin in 1953, has been working as an editor for the literary pages of the Berlin daily paper, the "Tagesspiegel", since 1987. He mainly writes about architecture, urban development and the fine arts. Apart from this work for the newspaper, he has also published a number of articles on the subject in magazines, books and exhibition publications.

Bernhard Schulz est né à Berlin en 1953. Il travaille depuis 1987 au service culturel du quotidien «Tagesspiegel». Il est spécialiste d'architecture, d'urbanisme et d'arts plastiques. Il a également publié de nombreux articles sur ces thèmes dans des revues, des livres et des catalogues d'exposition.

Bernhard Schulz, nacido en Berlín en 1953, es desde 1987 redactor de la sección de cultura del diario berlinés »Tagesspiegel«, donde se ha especializado en temas como la arquitectura, el urbanismo y las artes plásticas. Aparte de su trabajo para el periódico, ha publicado numerosos artículos en revistas, libros y catálogos de exposiciones.

Bernhard Schulz, nato a Berlino nel 1953, dal 1987 è redattore delle pagine culturali del quotidiano berlinese »Tagesspiegel« e si occupa soprattutto di architettura, urbanistica e arti figurative. Accanto alla sua attività per il quotidiano ha scritto numerosi articoli e contributi per riviste, libri e cataloghi di mostre.

ベルンハルト・シュルツは1953年生まれのベルリンっ子で、1987年よりベルリンの新聞「ターゲスシュピーゲル」の編集部員として主として建築、都市計画、芸術の分野を受け持つ。その傍ら数多くの雑誌、本、芸術分野のカタログのテキストを書き、出版している。